퍼포먼스
퍼포먼스

다이애나 테일러 지음
용선미 옮김

퍼포먼스

퍼포먼스

목차

들어가며.......9

"내가 여기서 말해야 할 것은 어려운 것도, 논쟁적인 것도 아니다. 내가 주장하려는 것의 유일한 장점이 있다면, 그것이 적어도 부분적으로는 진실(true)이라는 점이다."

― J. L. 오스틴, 말과 행위 중에서

제가 죽고 나면 묘비에 이렇게 남기고 싶습니다. '당시에는 좋은 생각 같았어.' 이 책의 첫판을 포함하여 제가 인생에서 한 많은 일이 여기에 해당하는 것 같습니다. 2009년 콜롬비아 보고타에서 열린 헤미 인스티튜트의 제7회 국제 엔쿠엔트로(International Encuentro) 기간 중이었습니다. 컨퍼런스와 퍼포먼스 행사가 10일 동안 이어졌죠. 아르헨티나의 출판사 아순토 임프레소의 책임자인 구이도 인다이가 저에게 이렇게 말했습니다. "퍼포먼스를 다루는 작고 반짝이는 책을 우리 함께 만들지 않을래요? 짧아도 좋습니다. 헤미 아카이브에 있는 당신의 글과 이미지를 활용해 40쪽 정도의 분량으로요. 어떻습니까?" 좋은 생각 같았습니다. 당시 헤미에는 아메리카 전역에 걸쳐 50여 명의 회원이 가입해 있었습니다. 하지만 예술가, 학자, 학생인 우리 구성원들은 여전히 공통 언어를 공유하지 않은 상태였습니다. 2012년에 스페인어로 발행된 이 작은 책은 반짝반짝 광이 났습니다. 주머니에 쏙 들어가는 크기의 가치 있는 책이었죠. 디자인상도 수상했습니다. 176쪽 분량의 그 책은 제가 이전부터 사용하고 싶었던 이미지와의 영원한 대화로 저를 이끌었습니다.

　　듀크대학교 출판사의 켄 위소커와 이 책의 영어판을 출판하는 일에 대해 논의했을 당시에도 좋은 생각 같았습니다. 그러나 영어로 된 퍼포먼스 책을 잘 만드는 것은 또 다른 영역의 일이었습니다. 미국에서 출판하는 데 드는 비용은 엄두를 못 낼 정도로 비쌌습니다. 그리고 퍼포먼스라는 주제에 대해 이미 잘 훈련된 미국의 독자를 위해 똑같은 내용의 책을 낼 수 없었습니다. 2016년에 발행된 영어판은 단순한 번역 프로젝트가 아니었습니다. 퍼포먼스의 퍼포먼스였습니다. 특정 분야에 대한 소개에서 나아가 제가 가장 관심을 둔 퍼포먼스의 몇 가지 사용법에 대해 설명했습니다. 즉, 가장 억압적이고도 해로운 사회적 규칙, 코드,

관습을 개인과 집단이 재해석하여 각기 다른 방법으로 행동에 임할 수 있도록 하는 퍼포먼스의 힘을 다루었습니다.

용선미가 번역하여 나선프레스에서 발행하는 퍼포먼스 퍼포먼스는 한 번 더 다시:퍼포먼스를 거친 후 라틴 아메리카나 미국의 독자와는 또 다르게 퍼포먼스라는 용어를 이해하는 한 국의 독자와 만나게 되었습니다. 한국에는 한국의 맥락만의 예술가, 행동가 그리고 정치적인 형상이 있을 것입니다. 그들이 수 행한 몸짓과 저항의 행위, 개입, 발화가 제가 이 책에서 펼쳐 놓은 사람들의 그것을 이해한 독자들과 공명하기를 바랍니다. 행위, '~하기', '~한 것' 으로서의 퍼포먼스는 퍼포먼스만의 구조와 관습을 가지며 어떠한 맥락도 넘어섭니다. 세계의 많은 사람들이 전지구적 권력의 퍼포먼스에 참여하면서 성장했습니다. 때문에 우리는 예술가, 행동가, 그리고 시민의 몸이 어떻게 이 레짐(regime)에 도전해 왔는지를 이해해야만 합니다. 그 권력은 정치적 지배로든, 소비하라고 설득하는 자본주의의 모습으로든, 보이지 않는 기술 권력으로든, 젠더, 섹슈얼리티, 인종 등의 문제에서 규범에 집착하는 형태로든 모든 곳에서 나타납니다. 퍼포먼스는 관객에게 무언가 하기를 요청합니다. 비록 그 무언가가 아무것도 하지 않는 것일지라도 말입니다. 퍼포먼스는 자신만의 힘을 스스로 만들어 냅니다. 체현된 관습은 지배 구조를 강화하기 위해서, 반대로 그것을 분석하거나 그것에 도전하기 위해 쓰이기도 합니다. 이것이 바로 퍼포먼스가 중요한 이유이고 또 우리가 퍼포먼스를 이해해야 하는 이유입니다.

지금 한국의 독자에게 이 책을 소개하는 일이 좋은 생각일 것 같다고 제안해준 용선미와 나선프레스에 감사드립니다.

다이애나 테일러

1960년대 이래로 예술가들은 권력 체제와 사회 규범에 맞서기 위해 자기 몸을 사용했다. 회화, 조각, 영화, 사진 속에 담긴 피사체가 아니라 살아 숨 쉬는 살과 행위 그 자체가 담긴 몸을 예술 실천의 가장 선두에, 그리고 중심에 놓았다. 사람들은 종종 퍼포먼스를 퍼포먼스 아트(Performance Art), 신체 예술(Body Art), 라이브 아트(Live Art), 행위 예술(Action Art)이라고 부른다. 이 용어들은 모두 행위 중인 작가의 존재와 '예술'이라고 하는 미적 차원을 동시에 강조한다.

당신이 가장 선호하는 성모 마리아의 차림으로 오세요에서 퍼포먼스 중인 카르멜리타
트로피카나. 뉴욕에서의 헤미 모임, 2003.
사진: 마를렌 라미레즈-칸시오

카르멜리타 트로피카나는 퍼포먼스의 잠재성이 무언가를 변형하는 힘에 놓여있다고 보았다. "퍼포먼스는 유동적이고 난잡하며 혼종적인 예술이다. '자유, 평등, 동성애!(libreté, égalité, homosexualité!)' 프랑스 혁명에서의 구호처럼 퍼포먼스는 퍼포머와 관객을 해방하고자 하는 예술이다."

길레르모 고메즈-페냐는 퍼포먼스라는 담론과 형식 안에 줄곧 머물렀다. "나에게 퍼포먼스 예술은 끊임없이 변화하는 날씨와 국경선처럼 추상적인 '구역'을 의미한다. 모순, 애매모호함, 역설이 용인되며 심지어 권장되는 장소이다. 우리의 '퍼포먼스 나라'는 노마드와 이주자, 잡종과 추방자들에게 온갖 국경을 개방한다."[1]

그는 퍼포먼스를 단순히 연기나 행위로 여기지 않는다. 실존의 조건이다. 존재론. 그에 따르면 퍼포먼스 예술가와 광인(狂人)의 차이점은 하나뿐이다. 퍼포먼스 예술가에게는 관객이 있고 광인에게는 관객이 없다.[2]

길레르모 고메즈-페냐, 그링스트로이카의 전사
사진 제공: 포차 노스트라 아카이브

다이애나 라즈노비치가 그린 만화 속 인물이 외친다.

"퍼포먼스라는 이 단어 자체가 바로 퍼포먼스입니다!"

La palabra performance es todo un PERFORMANCE!

퍼포먼스를 설명 중인 다이애나 테일러, 2010.
유머 작가 다이애나 라즈노비치가 그렸다.

퍼포먼스가 늘 예술과만 함께하는 것은 아니다. 퍼포먼스는 아주
넓고 다양한 영역에 걸쳐 있어 쉽게 정의하기 어렵다. 그리고
때로는 논쟁이 일 정도로 많은 의미와 가능성을 품고 있다.

이 책은 퍼포먼스를 분석하는 데 초점을 맞추고 있다.
'퍼포먼스는 무엇일까?' 보다 더 중요한 질문은 아마 '퍼포먼스는
무엇을 할까?'일 것이다. 퍼포먼스는 우리가 무엇을 볼 수
있게 하고, 경험할 수 있게 하고, 이론화 할 수 있게 하는 걸까?
이 책은 권력 체계와 퍼포먼스의 복잡한 관계 또한 다루고 있다.
퍼포먼스라는 용어는 연극, 인류학, 시각 예술, 비즈니스,
스포츠, 정치, 과학 등 여러 분야에서 두루두루 사용된다.
퍼포먼스는 이 모든 영역을 가로지르는 다양한 사회적 행위다.
때로는 '예술'을, 때로는 정치적 '행동'을, 때로는 비즈니스
경영을, 때로는 군사적 역량을 의미하는 퍼포먼스는 효과를
생산하고 동시에 정동 또한 불러일으킨다. 퍼포먼스는 마치 ~인
것처럼과 ~이다 사이에서, '~인 척'하는 것과 '실제'의 새로운
구축 사이에서 움직인다.

정동:
특정한
사회·문화적
조건 속에서 개인의 신체가
정서적으로 반응하는 것을 일컬어요.
어떤 감정이 일어났을 때, 그 원인을 개인 내부에서
찾기보다는 개인이 놓인 사회와 문화라는 보다 큰 범주에서
찾기 위한 개념이라고 할 수 있죠. 한 개인은 사회 안에서 (인종, 계층,
성별, 나이, 국적 등에 따라) 특정 집단에 속하게 되고 공통의 정동 영역을 형성한다고
여겨집니다. 하지만 이 개념은 여전히 활발히 논의되고 연구되고 있는 와중이며 논자에
따라 그 용어 사용이 조금씩 달라요. 한편 감정과 정동을 구분하기도 하는데요. 감정이 기쁨,
슬픔, 두려움, 수치심 등 말해질 수 있는 것이라면 정동은 무어라 말하기 어렵지만 분명히 느껴지는
감각적이고 정서적인 경험이라고 할 수 있습니다.

초국가적, 초학제적, 다언어적 맥락에서 퍼포먼스의 의미는 다양하다. 엘린 다이아몬드는 가장 넓은 의미에서의 퍼포먼스를 다음과 같이 정의한다.

무언가를 하기, 무언가를 한 것.[4]

˙˙하기 / ˙˙한 것이라는 관점은 과거와 현재라는 시간을 가로질러 퍼포먼스를 이해할 수 있도록 우리를 안내한다.

˙˙하기는 퍼포먼스의 현재를 포착한다. 언제나 살아있고 또 퍼포먼스가 활성화되는 오직 그 순간에만 살아있는 실천이다.

우리는 퍼포먼스를 과정으로 이해할 수 있다. 실연(實演), 실행, 개입, 소모 등이 이에 해당한다.

뉴욕에서 활동하는 예술가 윌리엄 포프 L.은 도시의 거리를 천천히 기어 다니는 퍼포먼스를 선보였다. "말하자면 (...) 나는 사회의 부조리를 낚는 낚시꾼이다. 나는 행동가보다는 선동가이고 싶다. 나는 참정권 박탈을 정치적으로 이슈화하고 또 무효화하는 것, 우리의 발아래 있는 것들을 다시금 발견하는 것, 우리 모두가 어디에서 흘러왔는지를 상기시키는 것에 집중한다."[5]

윌리엄 포프.L, 그레이트 화이트 웨이, 22마일, 9년, 1거리(2001~),
사진: 리디아 그레이, 작가 제공

~한 것은 또한 사물이자 상품, 완수된 어떤 것이다. 이때 퍼포먼스는 행위가 발생한 시점과는 다른 시공간으로 소환되어 평가받는다. 미술관이 수집하거나 아카이브에 보관된다. 예술가는 과거와 현재 사이의 변화, 그리고 연속성을 강조하기 위해서 자기 작업의 아카이브 사진이나 영상 앞에서 그 작품을 재연할지도 모른다.

2013년 뉴욕대학교에서 개최된 헤미 모임의 아카이브 퍼포밍하기 행사에서 이 즐겁고 멋진
망명이 다시금 소환되었다. 이 작품은 1999년 찰스 라이스-곤잘레스와의 협업으로 뉴욕의
포인트 커뮤니티 개발 센터에서 처음 선보였다. 사진은 1999년 퍼포먼스의 영상 기록 중 사울
올레리오(왼쪽)와 아서 아빌레스(오른쪽).
사진: 라우라 브뤼허

~하기와 ~한 것, 즉 현재와 과거 사이에 놓인 긴장은 무척이나 생산적이다. 퍼포먼스는 대개 일시적인 것, 즉 '오직 하루 동안만 지속'하는 것으로 이해되어 왔다. 페기 펠란 같은 학자는 퍼포먼스를 존재하지만 '사라지는 것'으로 규정하며 그것이 '재생산 경제의 법칙'에 반한다는 의견을 펼쳐왔다. 칼 마르크스의 자본론에 따르면, 자본주의 사회에서 자본을 축적하기 위해서는 재생산이라는 순환 과정을 끊임없이 되풀이해야 한다. 따라서 펠란에게 퍼포먼스는 저장될 수 없고 기록되지 않으며 또 문서화 될 수 없는 것이다. 만약 저장되고, 기록되고, 문서화 된다면 퍼포먼스는 퍼포먼스이기를 멈춘 채 무언가 다른 것이 되는 것이나 마찬가지다.[6]

우리가 퍼포먼스를 단 하나의 유일한 행위라고 여긴다면, 펠란의 말은 맞다. 하지만 우리는 더 흥미롭고도 강력한 방식으로 이 매체가 작동하는 것을 살펴보고자 한다. 한 장면에서 발생한 특정 행위는 우리의 눈앞에서 사라졌을 뿐이다. 우리는 퍼포먼스를 반복적으로 재연되고 재작동하는, 현재 진행형의 몸짓과 행동의 레퍼토리라고 여길 수 있다. 그 몸짓과 행동을 쉽게 알아차리기 어렵지만 말이다. 수행되고 체현된 실천을 통해 우리가 배우고 대화할 수 있는 이유는 행위 그 자체가 반복을 거듭하기 때문이다. 움직임과 리듬이 바뀌어도 우리는 춤을 춤으로 인식한다. 퍼포먼스는 과거, 현재, 미래에 관한 것이다.

레퍼토리:
레퍼토리는 몸에 내재한 기억이 외부로 표출되는 것으로
퍼포먼스, 몸짓, 구전, 춤, 노래 등이 있어요. 레퍼토리는 몸을
통해 몸으로 전해짐으로써 기록되고 기억된다는 점에서 아카이브와는 달리
유동적이고 가변적이에요. 아카이브는 데이터나 기록을 유지하고 보관하는
것을 의미해요. 문서, 지도, 비디오, 사진, 거북이의 등껍질, 죽은 동물의 뼈
등 변화에 저항하는 저장소를 갖고 있죠. 디지털 미디어를 통해 전기적 상태로
정보를 보관하는 것은 오늘날의 아카이브라고 할 수 있겠네요. 아카이브와
레퍼토리는 각자의 방식으로 또 때로는 서로를 보완하며 우리가 사는
세계 안에서 지식과 정보를 보관하고 전달하고 재생산하는 역할을
수행합니다. 이는 퍼포먼스에 대한 다이애나 테일러의
핵심적인 관점이죠. 아카이브와 레퍼토리에 대한
이야기는 이 책의 8장에서 좀 더 살펴볼 수 있어요.

2013년 상파울루에서 열린 헤미의 첫날, 아비가일 레빈과 두 명의 무용수는 한 극장의 입구 앞에서 느린 추락이라는 퍼포먼스를 선보였다. 그리고 그들의 움직임은 건물 외벽에 테이프라는 흔적으로 남았다. 퍼포먼스는 약 두 시간가량 진행되었다. 퍼포먼스가 끝난 이후에도 극장 앞을 지나가는 사람들은 외벽에 남은 테이프를 보며 무용수들의 움직임을 떠올릴 수 있었다. 한번 발생하고 난 퍼포먼스는 완벽히 사라지는 것일까? 아니면 그것의 효과는 지속되는 것일까? 크든 작든, 보이든 보이지 않든, 퍼포먼스는 어떠한 변화를 초래한다.

아비가일 레빈, 느린 추락
상파울루에서의 헤미 모임, 2013.
사진: 프란시스 폴릿

인간은 타인의 행위를 모방하고, 반복하고, 내면화하며
학습한다. 인간에게 ~하기는 본질적이다. 사람은 무언가를
실행하고, 연습하고, 수행함으로써 여러 행동을 흡수한다는
이 논의는 아리스토텔레스의 미메시스 이론보다도 더 오래된
것이며, 무의식적 모방 행위인 미러링, 공감, 그리고 서로를
통해 자신의 정체를 파악하는 상호주체성이 인간 생존에
필수적임을 주장하는 거울 뉴런 이론만큼이나 동시대적이다.[7]

애나 디버 스미스는 종종 자신의 할아버지가 들려준 말을 떠올린다. "만약 네가 단어 하나를 자주 곱씹어 말한다면 그 단어는 곧 너 자신이 되고 말 거야."[8] 재연은 곧 실제가 된다.

멕시코의 대표적인 퍼포먼스 예술가 중 한 명인 마리스 부스타만테는 비록 반복과 연습이 인간의 몸이 기능하기 위한 필수 조건이라 할지라도, 미메시스의 관습적인 면에 대해 언급하며 우리에게 경고한다.

"우리 인간은 서로에게 매달려 살 운명을 타고났다. 또 우리가 배운 것을 재생산하도록 프로그래밍 되어 있다. 하지만 이 프로그래밍을 따르기만 한다면, 우리는 그저 다른 사람들이 만든 것이 된다. 달리 말하자면 우리는 우리 자신이 아니라 (...) 그들이 되는 셈이다."[9]

마리스 부스타만테, 작업 도구로서의 남근/프로이트의 마초를 제거하기 위해
이 작업을 통해 부스타만테는 남근 선망을 다룬 프로이트의 이론을 비판하고자 하였다. 그는
자신의 얼굴이 담긴 300여 개의 마스크를 만들었고 관객들에게 나누어주었다. 산 카를로스
소치밀코학교 내 현대미술관과 베라크루즈에 위치한 할라파 예술대학교에서 열린 뜨거워!
뜨거워! 행사에서 노 그루포와 함께 공연하였다.
사진: 루벤 발렌시아

퍼포먼스는 모방적 반복의 한계를 뛰어넘는다. 반복이라는 프레임 안에서도 변화와 비판, 창조의 가능성이 있다. 퍼포먼스 아트, 춤, 연극뿐만 아니라 스포츠, 제의, 시위, 군대 행진, 장례 등 사회·정치적이면서 문화적인 실천의 다양한 형식들은 반복을 통해 매 순간마다 새로운 예시를 생산해낸다.

이 행위들에는 일상의 다른 사회적 행위들과는 분명히 구별되고 분리된 구조, 관습, 체계가 존재한다.

[퍼포먼스]

퍼포먼스는 지정된 시간과 공간 안에서 발생한다. 축구는 프레임 안에서 이루어진다. 지정된 경기장에서 시작과 끝이 있다. 또 규칙과 그것을 강제하는 심판이 있다. 정치 시위 또한 마찬가지다. 시작과 끝이 있는 동시에 다른 문화적 행위와는 본질적으로 다르다. 다시 말해, 퍼포먼스는 의미와 관습으로 이뤄진다. 시위에서의 행진은 거리를 걷는 보통의 걸음과는 분명 다르다.

주세페 캄푸자노, 헤어핀
페루의 아레키파, 2006.
이 퍼포먼스는 페루 트랜스젠더 박물관의 프로젝트 중 일부였다.
사진: 미구엘 코아퀴라

사건이나 이미지를 익숙한 맥락과
체계 밖에 두는 것은 그 자체로 개입의
행위로 기능할 수 있다.

퍼포먼스에는 관객과 참여자라는 존재가 뒤따른다. 물론 어떤 때는 카메라가 관객의 역할을 하기도 한다. 아나 멘디에타의 작업은 현장에서 직접 관람하는 관객을 위한 퍼포먼스가 아니었다. 사람들은 그의 작업을 오직 영상이나 사진을 통해서만 경험할 수 있었다.

다른 종류의 퍼포먼스, 예컨대 제의는 특정 관례에 따라 관객의 참여를 한정하기도 한다. 제의에 참여함으로써 구성원은 유대를 견고히 하기도, 또 반대로 서로 열외를 시키고 배제하면서 고정관념을 더 강화하기도 한다. 여성은 여기에 속하고, 남성은 저기에 속하고. 어떤 집단은 아예 속할 자리를 찾지 못한다. ~하기는 아주 특정한 방식을 통해 ~에 속하기의 형태로 변모한다.

반면 공공 장소에서 이뤄진 행위는 그 시공간에 우연히 존재한 모두가 볼 수 있다.

이 모든 경우에서 (사회적) 행위자, 관객은 해당 사건에 내재한
법칙, 즉 관습과 규범에 의해 통제된 규칙을 따른다. 우리는
게임, 콘서트, 장례식, 정치 시위 등에서 어떻게 행동해야
하는지를 이미 알고 있다. 우리는 ~하기를 통해 여태껏 배워
왔다. 사회적 행동은 연습과 반복을 거쳐 만들어진다. 비밀리에
악수하는 것부터 신성한 곳에서 스카프를 쓰는 것, 극장에서
모자를 벗는 것 등을 떠올려 보라. 참여하는 것, 바로 그 자체가
이러한 규칙을 배우고 공유하는 사회적 실천인 셈이다. 우리가
이를 인지하든 그렇지 못하든 상관없다. 때때로 우리는 우리가
퍼포먼스를 보고 있다는 사실조차 알아채지 못한다. 아우구스토
보알이 말한 '보이지 않는' 극장처럼 말이다. 보이지 않는
극장은 "극장이 아닌 환경에서, 관객이 아닌 사람들을 앞에
두고 하는 연극"이다.[10] 두 연인이 지하철 안에서 말다툼을
벌인다. 그 칸에 탄 사람들은 단번에 모두 그 사건에 휘말린다.
혹은 '참여'하게 된다.

아나 멘디에타
뉴욕에서의 헤미 모임.
사진 제공: 프랭클린 퍼니스 아카이브

어떤 퍼포먼스는 너무 순식간에 지나가는 탓에 기억 외에는 아무것도 남기지 않는다.

2013년, 벨 보르바는 상파울루의 프라카 루즈벨트 광장에서 물병을 들고 빠르게 움직여 물을 뿌리면서 큰 그림 하나를 완성했다. 탯줄을 단 우주비행사가 우주 공간을 떠다니는 그림이었다. 머리, 얼굴, 팔, 몸 등 모든 형태가 마법처럼 뚜렷하게 보였다. 이 그림은 물이 증발하기 전, 딱 30분 정도만 볼 수 있었다.

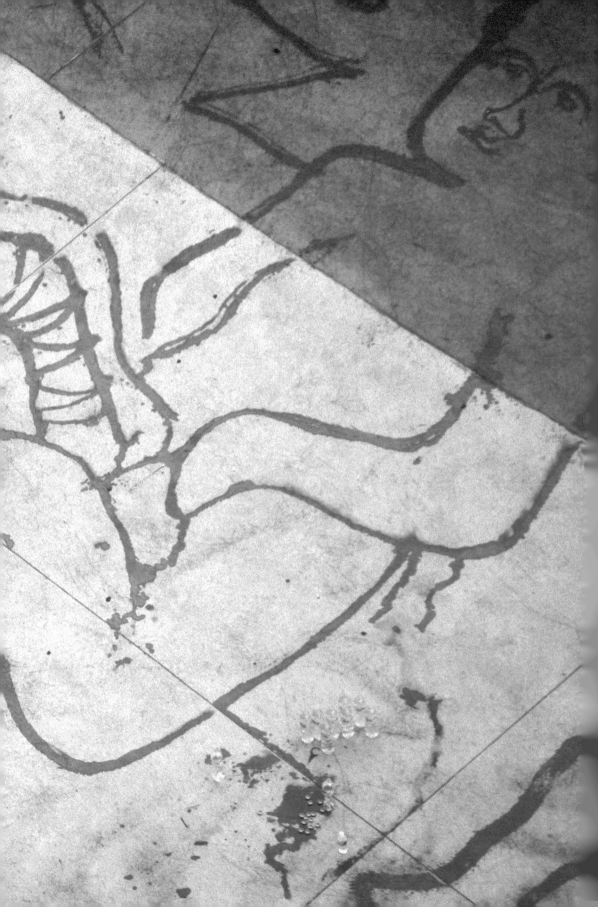

이 퍼포먼스에서 작품은 대체 무엇일까?

사라진 그림? 보르바의 빠른 움직임(노동)? 아니면 일상에의
개입? 환경과 소통하고자 하는 시도? 그의 작품이 외친다.
이것 좀 보세요, 가능합니다! 어쩌면 이 모든 것을 다 의미하는
것일까? 보르바의 도시 개입은 변화가 가능하다는 것을
보여주고 있을 뿐, 도시 자체를 변화시키지는 않는다.

벨 보르바, 일기: 나는 벨 보르바, 여기는 상파울루
상파울루에서의 헤미 모임, 2013
사진 제공: 벨 보르바

50   2013년에 마리아 호세 콘트레라스는 페이스북을 통해
1,210명의 시민에게 메시지 하나를 전달했다. 1973년
칠레에서 있었던 쿠데타의 40주년 기념일인 2013년 9월
11일 바로 전날 칠레 산티아고 중심부 대로에 누워 있어
달라는 요청이었다. 1,210은 독재 동안에 사라지거나 죽은
사람들의 숫자이다. 이 퍼포먼스 #보지 '않기'를 원한다는
정확히 11분 동안 진행되었다. 퍼포먼스는 비록 아주 잠시 동안
이루어졌지만, 과거의 역사적 사건이 칠레 사회에 그어 놓은
상처를 (누워있는 몸들로) 드러냈던 강렬한 집단 증언이었다.

1973년 칠레
쿠데타 :
1969년 칠레에서는
소아청소년과 의사
출신의 살바도르 아옌데가
대통령으로 선출되었어요.
그는 토지와 대규모 산업의
국유화, 정부의 의료 및
복지 관리, 빈곤층의 후생
증진 등 사회주의를 향한
칠레의 길(La via chilena al
socialismo)이라 불리는 사회주의
정책 실행에 착수했습니다. 그리고
이 때문에 칠레에서 경제적 영향력을
잃는 것을 우려한 미국 정부 및 다국적
기업들과의 마찰을 초래하였죠. 결국 1973년
9월 11일, 미국 중앙정보부의 지원을 등에
업은 군부가 쿠데타를 일으켰고 아옌데는
스스로 목숨을 끊었다고 전해집니다.

• •

마리아 호세 콘트레라스의 #보지 '않기'를 원한다의 참가자들.
칠레의 산티아고, 2014년 9월 10일.
사진: 호라시오 페레즈

퍼포먼스는 때로 몇 시간, 며칠, 심지어 몇 년 동안 지속된다.

헬렌 보스터스는 2010년에 '캐나다의 날'인 7월 1일부터
꼬박 한 해 동안 매일 하루에 100번을 넘어졌다. 그는
아프가니스탄에서 발생한 죽음에 대한 묵념을 수행하고자
했다. 죽은 이들의 숫자가 계속 늘어만 갔으나 그는 이를
감지하지 못하고 또 이 죽음들과 이어지지 못함을 통감했다.
넘어짐을 통해 그는 계속 묵념을 이어 갔다. 전쟁에 대해
떠올리지 않고서는 단 하루도 지나칠 수 없었다. 보스터스는
넘어지는 일을 중심으로 자신의 일상을 꾸려 나가야 했다.
있을 곳, 안전, 날씨, 옷 등을 늘 신경 써야만 했다. 보스터스는
캐나다 국기가 그려진 엽서에 목격자들을 위한 메모 하나를
남겼다. 그는 이 넘어짐이 "추상적인 숫자, 정치적인 논쟁,
미디어의 스펙터클이 생산하는 무감각을 넘어서려는"
시도였다고 설명한다. 2011년 7월 1일, 그는 여러 사람과 함께
동시에 넘어지는 것으로 이 퍼포먼스를 마무리 지었다.

아프가니스탄 전쟁:
2001년 9월 11일, 이슬람 근본주의
세력이 이끄는 무장 조직 알카에다의
테러리스트가 비행기를 탈취해 미국 뉴욕에
위치한 110층 높이의 세계무역센터, 워싱턴
D.C.에 위치한 정부 기관 펜타곤을 들이받는
사건이 있었어요. 바로 9.11테러예요. 이로 인해
3,000여 명의 사람이 죽고 6,000여 명 이상이 다쳤죠.
당시 미국의 대통령이던 조지 W. 부시는 아프가니스탄을
집권하던 탈레반 정권에게 테러의 배후에 있던 오사마 빈
라덴과 알카에다의 인도를 요구하였지만 받아들여지지
않았고 테러와의 전쟁을 선포하며 아프가니스탄을
침공하였습니다. 빈 라덴은 2011년 5월 미국에
의해 사살되었지만 갈등은 쉽게 종식되지
않았고 아프가니스탄은 계속해서 미국과
미국에 적대적인 세력 사이의 전쟁터가
되었습니다. 한편 2020년 2월, 미국은
탈레반과 '도하합의'를 맺으며
아프가니스탄에서의 미군 철수를
결정하였어요. 그리고 2021년
8월에는 모든 미군 부대가
최종적으로 철수하면서 20여 년에
걸친 이 긴 전쟁은 끝을 맺게
되었습니다.

아프가니스탄 전쟁에 고하는 행위로서 헬렌 보스터스가 크리스티 핏츠 공원에 쌓인 눈 위에
쓰러지는 퍼포먼스.

반복을 거듭하는 지속적 퍼포먼스가 언제나 한결같은 것은
아니다. 진화하기도 한다. 즉 퍼포먼스는 진행 중인 상태에서도
모든 종류의 개입, 반복, 사건, 행위들을 폭넓게 수용한다.
힐끗 보는 것만으로는 알아채거나 포착할 수 없는, 긴 시간을
들여야만 볼 수 있는 무언가를 보여준다.

테칭 시에는 1년이 넘는 기간 동안 매시간 시간기록계로
카드에 구멍을 뚫었다.

시에와 린다 몬타노는 약 2.5m 길이의 끈으로 서로를
묶은 채 1년을 살았다.

시에는 뉴욕 길거리에서 1년을 살았다.

시에는 독방에서 1년을 홀로 살았다.

시에는 예술 없이 1년을 살았다.

모든 움직임은 전후 맥락과 상관없이 이루어졌다. 모든
일상의 리듬이 완전히 반대로 뒤집힐 때까지 몸의 가장
필수적인 몸짓마저 무자비하게 제거되었다.

그는 말했다. "인생은 종신형입니다. 매분 매초가 달라요.
당신은 되돌아갈 수 없습니다. 비록 모두가 겪는 시간은
다르지만 우리는 같은 것을 실천하고 있습니다." [11]

'지속적'이라는 용어를 통해 우리는 현재 진행 중인 정치적 저항의 일부 형식에 대해 이해해볼 수 있다. 여기 다양한 예시가 있다. 단식투쟁은 자기 몸을 제외하고는 모든 것에 대한 통제력을 잃은 사람들의 '지속적'인 불복종 퍼포먼스의 고통스러운 예이다.[12] '5월 광장의 어머니들'은 1970년대 후반부터 매주 목요일 오후마다 흰색 소매가 달린 옷을 입고 사라진 아이들의 사진을 들고서 아르헨티나 중앙 광장 오벨리스크 주위를 반시계 방향으로 돌며 행진했다. 그들은 비인간적이었던 아르헨티나 독재 정권의 범죄를 가시화하기 위하여 오랫동안 고군분투해 왔다. 이 퍼포먼스는 광장뿐만 아니라 아르헨티나 사람들의 의식 속에 지워지지 않는 흔적을 남겼다. 이때, 퍼포먼스라는 단어는 어머니들의 행위를 '진짜'가 아니라거나 일시적인 것임을 의미하지 않는다. 어머니들은 자기 신체와 행진이라는 방식을 제의적으로 활용함으로써 정치와 연루된 '사라짐'을 가시화하고 또 호명할 수 있는 것으로 만들었다.

아르헨티나 독재 정권의 범죄: 호르헤 비델라는 아르헨티나의 군인 출신 정치인이에요. 그는 1976년 군사 쿠데타를 일으켜 이사벨 페론 대통령을 몰아내고 1983년까지 나라를 통치했어요. 한편 이러한 독재 정권에 반대했던 3만여 명의 사람들은 비델라가 아르헨티나 전국에 설치한 죽음의 수용소에서 잔인한 고문을 당했고 이후 실종되거나 살해되고 말았습니다. 이 인권 탄압 시기를 더러운 전쟁(Guerra Sucia)이라고 부릅니다.

'5월 광장의 어머니들'이 광장에 그려 놓은 하얀 손수건
사진: 로리 노박, 2007

퍼포먼스는 반복적인 행동을 통해
사회적 지식, 기억, 정체성을 송신하는
중요한 전달의 기능을 수행한다.

"퍼포먼스는 절대 처음 한 번을 위한 것이 아니다. 퍼포먼스는 두 번째, n번째를 위한 것이다."라고 리차드 쉐크너는 말한다.

즉, 퍼포먼스는 "두 번 행해진 행위이다."[13]

신체 행위의 반복인 퍼포먼스는 관례와 규범의 체계 안에서 작동한다. 이때 행위는 재차 반복되고, 실행되고, 발명되거나 다시금 생명을 얻기도 한다. 퍼포먼스는 다시:(again-ness)의 끊임없는 반복이다.

퍼포먼스와 다시:는 '근본'과 '처음'이라는 의미의 '원본'이라는
개념과 어떠한 관계를 맺고 있는 걸까? 창조라는 암호와
상품으로서의 '원본' 개념과 어떠한 연관을 맺고 있는 걸까?

말하자면, 피카소의 원본?

아니면 '진본'?

모든 행위는 '원본'이자 '진본'인가?

이 용어가 미술 시장의 논리에서 벗어난 퍼포먼스에 쓰일 때는
어떠한 의미를 지니게 될까?

재활용, 어구 바꾸기, 재맥락화하기는 가장 독창적이고 심지어
학문적인 프로젝트에서 빠짐없이 등장하곤 한다.

작품을 읽을 수 있게, 혹은 이해할 수 있게 해 주는 일련의
관례와 시스템 안에서, 깜짝 놀랄 만큼 대담하고도 신선한
개입은 오직 딱 한 번 발생한다. 크리스 버든은 사람을 시켜
자기 팔에 총을 한 발 쏘도록 하였다. 이 행위는 '원본'이고
'진본'인 작품인가? 이때 프레임은 다시금 유용한 도구로
활용된다. F 스페이스 갤러리라는 공간, 친구가 그를
쏘았다는 맥락이 곧 프레임이다. 이로 인해 쏘다(1971)라는
작품은 길거리의 우연한 폭력이 아닌 퍼포먼스, 즉 개념적인
예술로 거듭난다. 쏘다는 크리스 버든의 대표적인 작품이다.
프레임은 ~하기의 영역 밖으로 행위를 분리하여 이를 과거
속에 위치시킨다. ~한 것. 이 퍼포먼스는 이제 역사와 미술에
귀속된다. 아마 저작권도 있을 것이다. 하지만 나는, 신체의
한계를 억압하는 논리를 따르는 이 퍼포먼스 아트의 체현된
관습 구조 속에서, '원본'이나 '진본'이라는 단어는 우리가
쏘다가 무엇인지 또는 무엇을 했는지를 이해하는 데 도움을
주지는 않는다고 생각한다. 버든이든 또 다른 누구든 다시 이
작업을 무대 위에 올린다면 어떨까? 미술계의 담론 안에서
이는 '진본'이나 새로운 '원본'이 되는 것이나 다름없지 않을까?
(이에 관해서는 7장을 살펴보자.)

쉐크너는 퍼포먼스를 이해하기 위한 핵심이 될 만한 구분법을 제시한다. 퍼포먼스이다라고 여겨지는 것(춤, 음악 콘서트, 연극)과 퍼포먼스로서 연구하고 이해할 수 있는 것의 구분이다.[14] 세상의 거의 모든 것은 퍼포먼스로서 분석할 수 있다. 국가는 퍼포먼스가 아니다. 그러나 국정 연설의 무대는 퍼포먼스로서 분석의 대상이 될 수 있다. 선거는 퍼포먼스가 아니다. 하지만 분명 퍼포먼스로서 이해해볼 수는 있다!

한편 (퍼포먼스) 이다 / 로서 사이에 놓인 빗금은 임의적인 것이다. 시간과 맥락에 따라 변화한다. 다음을 이다와 로서로 구분해보자.

시민 불복종

저항

시민권

젠더

인종

민족성

성 정체성

동시에 둘 다인 것은?

무헤레스 크레안도, 어느 여성도 창녀가 되기 위하여 태어나진 않았습니다, 도시 개입.
부에노스 아이레스에서의 헤미 모임, 2014년 9월 10일.
사진: 마를렌 라미레즈-칸시오

이 모든 것은 우리가 사건을 어떻게 **프레이밍** 하는가에 달려 있다. 우리는 무대 위에서 벌어지는 현상으로 퍼포먼스에 대한 우리의 이해를 한정하며 연극 작품을 퍼포먼스이다라고 말할 것이다. 그러나 우리는 프레임을 관객에게까지 확장할 수도 있다. 관객이 어떤 옷을 입었는지, 표 한 장에 얼마를 냈는지, 극장 주변에는 어떠한 사람들이 이웃해 있는지, 누가 극장에 오고 혹은 누가 오지 않는지. 1990년에 중국계 미국 작가 다니엘 J. 마르티네즈는 폭 파인 것들을 무시하라: 초소형 도시 오페라라는 공연을 로스앤젤레스 시내의 밀리언 달러 극장에서 선보였다. 당시 푯값을 낼 능력을 갖춘 백인 중산층 관객은 라틴계 노동자들이 거주하는 동네에서 줄을 서야만 했다. 퍼포먼스는 극장뿐만 아니라 지역의 거주자들과의 상호작용으로 인해 무대 밖에서까지 벌어졌다. 프레임은 우리가 이 사건을 퍼포먼스이다 / 로서, 둘 다로 이해할 수 있게끔 도와준다. 이 둘의 정치적, 미적 감각은 서로 다르며 또 각각 다른 퍼포먼스의 의미를 전달한다.

때로는 특정 반응을 유발하기 위한 프레임이 만들어지기도 한다. 켄트 몽크만은 역사 속 식민주의가 무엇을 제거하려 했는지를 강조하기 위해 식민주의자가 그린 매혹적인 풍경화 위에 퀴어 토착민의 이미지를 그려 넣었다.

켄트 몽크만
벨로 호리존테에서의 헤미 모임, 2005.
사진: 훌리오 판토자

체현된 관습과 태도는 일상의 공적 영역 내에서 학습되고
또 수행된다. 하지만 그렇다고 해서 이 관습과 태도가
반드시 ~인 척하는 연극적, 의식적인 행위여야 한다는 것을
의미하지는 않는다.

요리하기, 식물 가꾸기, 수확하기, 노래하기, 악기 두드리기,
아이를 축구 연습장에 데려가기 등 일상의 단조로운 행위들은
소속감, 정체성, 문화 가치 등을 한 문화에서 다른 문화로, 한
세대에서 다른 세대로 전승한다. 특히 쓰기가 지식 전달의 우선적인
수단이 아닌 사회에서 이는 무척이나 중요한 역할을 한다.

곤잘로 라바날과 그의 아버지가 퍼포먼스를 통해 보여주었듯이,
쓰기를 배우며 인쇄 문화에 귀속되는 것은 폭력적인 징벌을
체현한 행위일 수 있다.

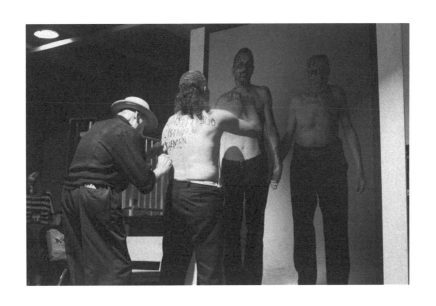

곤잘로 라바날, 말해진 것, 이름이 되는 것
상파울루에서의 헤미 모임, 2013.
사진: 마를렌 라미레즈-칸시오

믿음과 관습은 몸의 실천을 통해 전승된다. 우리가 몸을
이해하는 방식뿐만 아니라 모든 종류의 가정과 예측 또한
마찬가지다.

주디스 버틀러가 말하길, 젠더는 우리가 가진 것이 아니라
우리가 하는 것에 의해 규정된다. 즉, 젠더는 눈에 보이지
않지만 일반화된 사회화라는 엄격한 시스템의 산물이다.[15]
임신하고 초음파 검사를 하는 것이나 아기가 태어날 때
"딸이야!"라고 소리치는 것은 그러므로 단순 진술로만
기능하지 않는다. 그보다는 인간이 행동하고 존재하는 모든
방식의 작동에 시동을 거는 담론의 한 형태이다. 버틀러는
이를 퍼포머티비티라고 부른다. 이 개념은 뒤에서 더
살펴보도록 하자.

다른 성의 옷을 즐겨 입는 사람이나 이를 연기하는 사람을
보며 깨닫기 전까지는, 우리는 여성성 혹은 남성성과 연관된
태도 또는 양식을 인식하지 못한다. 시몬 드 보부아르는
1940년대에 이미 이렇게 말했다. "여자로 태어나는 것이
아니다. 다만 여성이 되어가는 것이다." 젠더는 사회적으로
승인된 관습과 담론적 발화가 공적인 공간에서 수행의 형태로
발현된 하나의 생산품이다. 젠더의 수행 방식을 결정하는
관습을 알아차릴 수 있는 또 다른 방법은, 세계의 다른 지역이나
역사의 다른 순간에서 '여자'가 어떻게 보고 또 행동하는지를
살펴보는 것이다.

페기 쇼와 루이스 위버/스플릿 브릿치스, 복고의 관점/우리가 늘상 살아 온 작은 집
부에노스 아이레스에서의 헤미 모임, 2007. (http://hidvl.nyu.edu/video/000549155.html)
사진: 훌리오 판토하

아이마라족 출신의 퀴어, 페미니스트, 예술가이자 행동가,
볼리비아의 '여성창조공동체'의 일원인 훌리에타 파레데스는
다음과 같이 말하였다.

파차마마:
안데스 지방의 토착 종교에서
유래한 여신으로, 파차는
'대지, 세계, 우주, 시간, 시대',
마마는 '어머니'라는 뜻이 있죠. 즉,
파차마마는 지구와 시간을 다스리며
물과 땅, 해와 달의 기원이 되는
존재지요. 모든 농산물의 수확을 관장하면서
땅의 모든 생명이 유지될 수 있도록 창조적
힘을 발휘해요. 스페인이 남미 대륙을 식민화한
16세기 이후부터 이 지역의 많은 사람들이 가톨릭으로
개종하였고 성모 마리아가 파차마마의 역할을 대신하기
시작했지만, 여전히 이곳의 사람들은 파차마마를 만물의
어머니로 섬기고 있답니다.

"파차마마는 우리에게 퍼포먼스를 허락해 주었다. 퍼포먼스는 우리의 표현형이다."[16]

표현형:
겉으로 관찰할 수
있는 유기체의 신체적
특징을 의미하며,
개체의 특징이나 형질의
변화를 이해하기
위한 개념이라고 할
수 있습니다. 표현형은
유전자형(genotype)이라는
개념과 뗄 수 없는
관계인데요, 유전자형은
유기체의 유전적 성질을
의미해요. 현대 유전학에서는 한
개체의 표현형 변화는 유전자형의 변화뿐만
아니라 주변 환경 같은 후천적 요인에도 영향을
받는다고 이해합니다.

18세기 멕시코에서 성행한 카스타 회화는 이 표현형이
어떻게 인종적 분리와 차별에 기여했는지 또 어떻게 그러한
수단으로 작동해 왔는지를 여실히 드러낸다. 식민지 법에 따라
만들어진 인종별 분류는 각각의 집단을 또렷하게 구분한다.
메스티소('크리올료'로도 알려진, 유럽 남자와 토착민 여자
사이에서 태어난 사람)와 코요테(메스티소 여자와 토착민
남자 사이에서 태어난 사람)처럼 말이다. 마치 집단 간의
차이가 자연적이며 생물학적인 요소에서 기인한 것처럼,
이러한 분류는 신체의 특징과 피부색을 끊임없이 강조한다.
그러나 이 차이들이 정작 통제의 산물, 사회 계층화, 이름
짓기, 편견과 관련 있다는 사실은 잘 다뤄지지 않는다. '혼혈
인종'이 백인 남성과 점점 더 멀어질수록 그의 이름은 동물
세계의 이름(코요테, 늑대)과 더 유사해진다. 게다가 늘 어둡고
위험하게 묘사되었던 회화 속 혼혈 인종의 옷차림과 관습은
인종적 차이를 구분하는 '절대적' 감각을 만들어 내었다.
카스타 회화는 오직 이를 드러냈을 뿐이다.

카스타 회화:
식민지 시대
멕시코에서의 인종간
혼합을 계보적으로 보여주기
위한 용도로 그려진 그림이에요.
보통 부, 모, 자식 이렇게
셋이 그림 속에 등장해요. 카스타
회화에 쓰인 숫자와 문구는 인종적
혼합이 얼만큼 이뤄졌는지를 나타내어
사람을 분류하는 것이 과학적인 것인
양 보여줘요. 주로 지배계급에 의해
그려지고 또 소비되었는데 멕시코가
스페인으로부터 독립한 1821년 이후
생산이 중단되었어요.

•   •

미구엘 카브레라, 스페인과 인도 사이의 메스티소, 개인 소장, 멕시코.
오른쪽 상단 구석에 서명이 하나 적혀 있다. "나를. 카브레라 작. 멕시코, 1763년(Mich.
Cabrera pinxit, Mexici, Anno 1763)." 마리아 콘셉시온 가르시아 사츠가 편집한 멕시코의
계급들: 아메리카 사람의 종류에 대한 그림(Las castas mexicanas: Un género pictórico
americano, 올리베티 출판사, 1989)에 수록되어 있다.

고정관념은 우리가 특정한 방식으로 대상을 보도록 강요하고
또 그 보기의 구조를 재생산한다.

아스트리드 하다드는 라틴 아메리카의 전형적인 도상을
활용해 기존 고정관념을 철저히 재검토하기로 하였다. 그의
작업은 이제껏 멕시코 여성들의 성적, 인종적 정체성 모델로
여겨져 온, 다소 틀에 박힌 이미지들을 재생산하여 여러 각도로
활용한다. 과달루페 처녀, 아즈텍 신화에 나오는 신들의
어머니 코아틀리쿠에, 카우보이 복장의 부치, 학대받는 여성,
유혹하는 여성 등이 이에 포함된다. 하다드는 도상학의 역사적
무게와 강박적인 형태의 반복을 세련된 반어법으로 보여준다.
대중의 관심을 끌기 위해 과도하게 민족학적인 이미지들을
제작함으로써, 하다드는 예술가의 신체가 그저 또 한 번의
'반복'으로만 소비되는 문화적 가시성의 한계에 주목하도록
하였다. 또 오직 이러한 상투적인 이미지들과 수행적인 반복을
통해서만 라틴 아메리카를 들여다볼 수 있게끔 유도하였다.
하다드의 작업은 문화적, 인종적, 성적 차이에 기반한
고정관념이 어떻게 생산, 재생산, 소비를 거치는지 드러내어
이미지 속에 숨은 불편함을 다룬다.

아스트리드 하다드, 프리다의 이미지와 사슴 댄스
사진: 안토니오 유시프

고메즈-페냐가 우리에게 제안하였듯이 ~이다 / ~로서의
퍼포먼스를 이해하다 보면 퍼포먼스가 단순히 조건이나
존재론으로만 기능하는 것이 아니며 세상을 인식하고 이해하는
방식, 즉 인식론으로 작동한다는 것을 깨닫게 된다. 물질적인
실천의 특성, 그리고 다른 문화적 실천 및 담론과의 관계 속에서
퍼포먼스는 몸이라는 수단을 통하여 지식을 전달하는 법을
제공한다.

간단한 예를 하나 들어보자. 낯선 사람과의 단순한 마주침을
통해 그에 대해 알게 되는 것은 무엇일까?

자기소개서나 녹음된 목소리, 사진을 보는 것으로는 알 수
없었던 것 말이다.

알프레도 자, 아메리카를 위한 로고, 1987.
사진: 작가 제공

체현된 실천으로서의 퍼포먼스를 주장함과 더불어, 때로는 이 퍼포먼스 실천이 예술가나 행동가의 몸에서 발생하지 않거나 몸과 관련이 없을 수 있다는 점을 명확히 짚고 넘어갈 필요가 있다. 이는 우리가 퍼포먼스를 어떻게 이해하는지에 달려있다. 퍼포먼스는 무엇이고 무엇을 하는가? 알프레도 자가 뉴욕의 타임스퀘어에 설치한 작업은 거리를 오가는 특정되지 않은 우발적 관객을 위한 퍼포먼스였다.

퍼포먼스라는 단어는 다양하게 정의되고 활용된다.

퍼포먼스는 하나의 실천이자 인식론이다. 창조적인 행위이자 방법론이다. 기억과 정체성을 전달하는 방식이자 우리가 세상을 이해하는 방식이다.

복잡한 층위를 지닌 퍼포먼스는 때로 모순처럼 여겨지기도
한다. 그러나 실상 이 층위는 서로가 서로를 지탱하기도 한다.
문화 인류학자 빅토르 터너는 프랑스 인식론의 전통에 기반하여
'완성하기', '완성하다'라는 뜻을 가진 'parfournir'라는 단어로
퍼포먼스를 이해한다. 1960~1970년대에 저술 활동을 펼쳤던
다른 인류학자들과 마찬가지로 터너에게 퍼포먼스는 가장
독창적이면서도 깊숙하고 진실한 문화의 특징을 드러내주는
수단이었다. 터너는 퍼포먼스가 보편적이고 (상대적으로)
투명하다고 믿었고 이에 따라 여러 민족과 문화가 각각의
퍼포먼스를 통하여 자신을 스스로 이해할 수 있다고 제안하였다.

**"우리는 타인의 퍼포먼스에
개입함으로써, 상대의 문법과 언어를
배움으로써 서로를 이해할 수 있을
것이다."**[17]

여기서 핵심은 바로 배움이다.

퍼포먼스는 보편적이지 않으며 투명하지도 않다. 퍼포먼스의
의미는 시대와 맥락, (그것을 현실로 옮기는) 프레임에 따라
변화한다. 어떠한 의미는 퍼포먼스를 개시한 소수에게만
해석의 여지를 쥐여 주면서 그 외의 사람들에게는 보이지
않거나 불투명하게 남을지도 모른다. 프란치스코 수도회의
베르나르디노 데 사아군은 자신이 목격한 16세기 메소
아메리카의 토착 춤과 노래를 이해하지 못하겠다며 불평을
털어놓았다. "오직 그들 자신만이 (악마의 제물이 되기 위한)
그들 자신을 이해한다."[18]

하지만 또 다른 누군가에게 퍼포먼스는 정확히 반대의
의미다. 사회적 구성물로서 퍼포먼스는 가짜, 시뮬레이션,
'상연(上演)'을 의미하며 '진짜'와 '진실'의 정반대에서 작동하기
때문이다. 이들은 몇몇 주요 단어들의 어원학적 뿌리를
언급하며 그 증거로 내세운다. 'art(예술)'는 언어학적으로
'artifice(책략)'와 연결되어 있다. '만들다'의 'facere'는
어원적으로 'fetiche(만들어진 것)'와 관계를 맺는다.
'mimesis(모방)'는 'imitate(본뜨다)', 'mimic(모방하다)',
'mimicry(흉내)'와 어원적으로 하나의 뿌리에 속한다.

**사회 안에서 구축된 현상으로
퍼포먼스를 인지하며 그것의 인위적인
측면에 초점을 맞추는 몇몇의
사람들은 연극적인 것에 대한 편견을
드러낸다. 그러나 더 복합적인 해석을
하는 사람들의 경우, '진짜'에 함께
참여했다고 여긴다.**

춤, 제의, 시위 등을 다른 사회적 실천들과 구분할 수 있는
프레임은 분명 필요하다. 하지만 그렇다고 해서 이런
퍼포먼스들이 '진짜' 혹은 '진실'이 아니라는 것을 뜻하지는
않는다. 오히려 실제 삶보다 '더 정확한 진실'인 것이
퍼포먼스이며 삶 그 자체가 연극이라는 생각은 오래전
아리스토텔레스, 셰익스피어, 칼데론 데 라 바르카, 앙토냉
아르토를 거쳐 지금까지도 여전히 유효하다.

퍼포먼스는 (때로는 모순적으로) 많은 것을 의미하고 많은
것을 수행한다. ~하기, ~한 것, 다시 하기. 퍼포먼스는 무언가를
보이게 만들고 또 보이지 않게도 만든다. 명확하게 만드는
동시에 불투명하게 만들기도 한다. 단명하고 지속한다. 삶을
흉내 내면서 또 삶보다 더 진실하다. 퍼포먼스는 관객의 행동을
정상인 것처럼 만들거나 또 가장 전면에서 직접적으로 관객의
역할에 도전하며 충격을 안겨 줄 수도 있다. 진실도 거짓도
아니고, 좋은 것도 나쁜 것도 아니며, 자유도 억압도 아니다.
퍼포먼스는 근본적으로 불안정하다. 그리고 퍼포먼스는 누구에
의한 것인지, 누구를 위한 것인지, 왜 언제 어디서 이루어졌는지
등 프레임에 전적으로 의존한다.

퍼포먼스의 역사

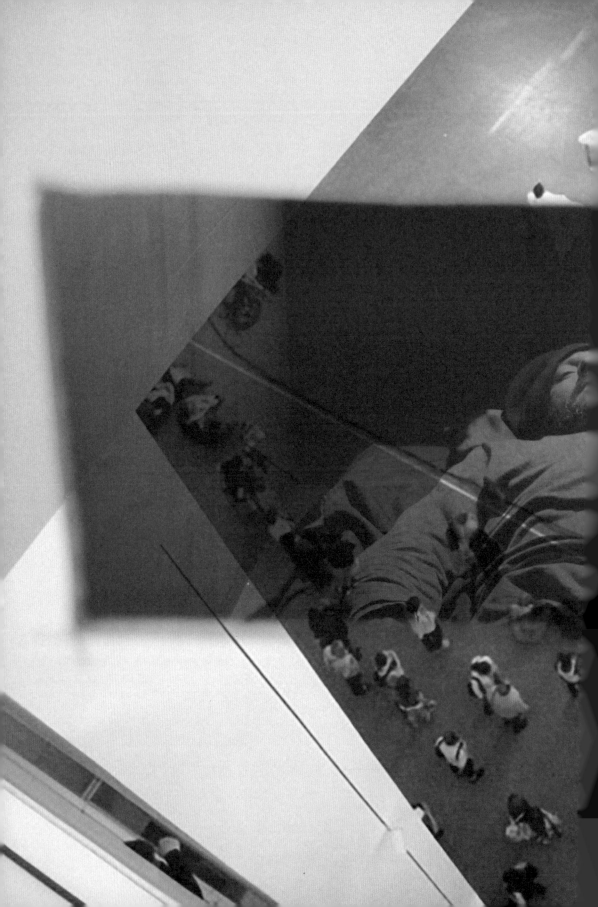

역사적으로 살펴보면 '퍼포먼스 아트'라는 용어는
1960~1970년대에 등장한 특정 형태의 예술을 지칭하기 위해
사용되었다. 로즈리 골드버그와 같은 몇몇 미술사학자들은
퍼포먼스의 시초를 미래주의자, 다다이스트, 초현실주의자
등 결과보다는 과정에 더 집중하는 작업들로 간주한다. 초기
퍼포먼스 아트로 다룰 수 있는 작업들이 여럿 있다 하더라도,
살아있는 신체를 예술 작업의 구심점으로 삼는 흐름은
1960~1970년대에 갑작스레 등장하였고 이후 광범위하게
퍼져나갔다. 1960년대에 플럭서스는 '죽은 예술(dead
art)'에 종말을 고하며 여러 예술 형식이 기존의 한계를 뛰어
넘도록 했다. 이와 같은 노력의 역사적 궤적은 예술 작업이
어디에서부터 발생하여 퍼지게 되었는지에 따라 나뉜다.
1960년대 초 미국의 퍼포먼스 아트를 이끌었던 선구자 캐롤리
슈니만은 자신을 화가로 여기며 "벌거벗은 몸을 캔버스에서
떼어내야만 했다."고 회상한다.[19] 슈니만과 그의 몸은 매체이자
주체, 그리고 물론 작가가 되었다. '액션 페인터'라 불리는 잭슨
폴록은 캔버스 위에 그림을 그리는 행위를 퍼포먼스의 일부로
여겼다. 앨런 캐프로 등의 작가들은 '해프닝'같은 자신만의
용어를 만들어 작가와 관객 사이의 벽을 허무는 도발적인
작업을 예술적 개입의 새로운 형태로 제안하였다. 마빈 칼슨은
로리 앤더슨, 로버트 윌슨이 보여준 초기의 퍼포먼스 작업들이
연극과 밀접한 관련을 맺는다고 보았다.[20] 이러한 분류는
때로 학계에서의 논쟁을 초래하곤 했다. 그럼에도 이는
퍼포먼스 혹은 '라이브 아트'의 시초가 여럿이며 다양한
대화자와 학제가 얽혀 있음을, 또 그 안에 이 모든 분류를
허무는 방법이 있음을 보여준다.

경험 #3에서의 플라비우 데 카르발류, 1956.
이 작업에서 카르발류는 자신이 만든 옷을 입고 상파울루 거리를 걸었다.

아메리카 대륙 곳곳에서는 북미를 벗어난 퍼포먼스의 대안적
계보를 제시한다. 브라질은 1930년대에 활동한 플라비우
데 카르발류, 헬리오 오이티시카와 리지아 클락을 각각
1950년대와 1960년대의 퍼포먼스 선구자로 여긴다.

마리스 부스타만테와 모니카 마이어는 멕시코에서 퍼포먼스가
대두된 시점을 초현실주의의 유입과 비물질 예술이 발달한 때로
보고 있다.

캐나다 토착 공동체 출신의 퍼포먼스 예술가 레베카
벨모어(일명 아니쉬나베)는 토착민을 인류학적으로 전시하던
관습에서 퍼포먼스 아트가 유래했다는 의견을 개진한다.
벨모어는 "프랑스로 끌려간 뒤 황량한 정원에 사슴과 함께
전시된" 미크맥 남성을 예로 든다. "그는 귀족들 앞에서 연기를
해야 했다. 관객은 그가 활과 화살로 사슴을 죽이고 가죽옷을
만들어 입은 후 바로 요리해 먹기를 바랐다. 선교사가 당시
쓴 글에 따르면, 이 미크맥 남성은 이러한 지시에 따르면서도
관객의 기대를 넘어설 수 있을 만한 자유가 있었다. '모두
앞에서 자신을 편하게 만듦으로써.' 이 구절을 읽고서 나는 이
미크맥 남성이 모두 앞에서 똥을 쌌다는 뜻으로 해석하였다.
(...) 나는 그가 수백 년 전 아메리카 대륙 최초로 국제적인
활동을 펼친 퍼포먼스 예술가 중 한 명이지 않을까 생각한다."

미크맥:
지금의 •　•
캐나다와 미국
북동부 지역에서
가장 큰 부족을
이루고 살던 원주민이에요.
유럽인들이 본격적으로 유입되기 시작한 17세기 전까지
천 년 이상을 이 지역에서 살았다고 해요. 현재 각지에 퍼져있는
미크맥 인구는 혼혈을 포함하여 약 6만여 명으로 추정되고 있으며 7천
명이 미크맥 언어로 소통한다고 합니다.

레베카 슈나이더는 퍼포먼스 아트의 출현과 그 역사를 항상
여러 갈래로 바라보아야 한다고 우리에게 말한다. 그는 기원,
특정 행위, 장소, 저자에 대한 맹목적인 숭배를 피해야 한다고
주장한다.[21] 예술이든 정치든 관습이든, 퍼포먼스 실천은 변하기
마련이다. 퍼포먼스가 생산하는 결과물 또한 마찬가지이다.
이름을 붙여 퍼포먼스라 주장하는 행위에 내재한 권력을
인지하면서, 우리는 소위 퍼포먼스 아트라 부르는 것이 여러
예술 형식에 뿌리를 두고 있음을 깨달을 필요가 있다. 그러나
퍼포먼스는 또한 이 한계를 뛰어넘어 아무도 예상치 못한
무언가를 만들어 내기도 한다.

일반적으로 퍼포먼스 아트는 예술가의 몸에 온전히 집중한다.
프란시스코 코펠로는 다음과 같이 말한다.[22]

나의 예술은 곧 나의 몸이다.

억압되었다가 해방되는 내 욕구가
머무는 장소는 결국 내 몸이다. 나의
가장 사적인 징후들로 이루어진 이
몸은 거칠게 수면 위로 끌어 올려져
집단의 검증대 위에 놓인다. 모두의
앞에서 이뤄지는 이 검증은 물론 나를
견디기 힘들게 만든다.

프란시스코 코펠로, 바다의 여왕 에스메랄다, 1979.
사진: 지오바나 달 마그로

이와 동시에 퍼포먼스 예술가들은 자기 몸이 가진 한계를 탐색하기 시작했다. 크리스 버든은 깨진 유리 사이에 몸을 눕힌 채 질질 기어갔다. 밥 플래내건은 성기에 피어싱을 하고 입술과 음낭을 꿰맨 후 피부를 나무에 못 박았다. 그는 낭포성 섬유증을 앓으면서도 결코 병에 항복하지 않으리라는 강한 의지를 담아 다양한 연기를 선보였다. '아포칼립스의 두 암컷 당나귀'는 깨진 유리 위에서 칠레 전통의 구애의 춤인 쿠에카를 춘 후 바닥에 깔린 라틴 아메리카 지도 위를 걸으며 핏빛의 발자국을 남겼다. 그들은 칠레에서 피노체트 독재 시기에 이뤄진 고문과 실종의 공포를 가시적으로 드러내고자 하였다.

이와 같이 폭력을 자초하는 행위를 캐시 오델은 마조히스트 퍼포먼스라고 지칭하였다.[23]

피노체트 독재 시기:
아우구스토 피노체트는
1973년부터 1990년까지
칠레의 대통령을
지낸 정치인이자
군인이에요. 그는
아옌데 정권을
무너뜨리기
위하여 쿠데타를
일으켰어요.
17년의 재임 기간
동안 권위적이고
강압적인 친미
독재 정권을
유지하며 자유
시장 경제를
칠레에
도입하였고
이에
반하는
사람들에게
무자비한
폭력을
행사했습니다.
때문에 '피의
독재자'라
불리기도 하죠.

때로는 관객을 표적 삼은 공격과 폭력이 자행되기도 한다. HIV 양성이었던 론 아시는 피에 휴지를 적셔 천장에 매달아 관객을 겁주었다. 사실 피는 HIV 음성인 친구의 것이었다. 때문에 (실제이든 상상이든) 위험을 초래하는 상황은 아니었다. 또 다른 공연에서 아시는 자기 몸을 칼로 베는 소위 극단적 퍼포먼스를 선보였다.

1960년대와 1970년대의 퍼포먼스는 극장, 갤러리, 미술관 그리고 엘리트주의에 젖은 상업 예술 공간에 예술가들을 진입하지 못하게 했던 정치적, 제도적, 경제적 장벽을 허무는 데 주요한 역할을 했다. 퍼포먼스는 문화 전문가의 인정도 필요 없었고 대본도, 저작권 승인도 필요 없었다. 퍼포먼스는 어느 곳에서 어느 때나 불쑥 나타날 수 있다. 예술가는 오직 자신의 몸과 상상력, (종종 예상치 못하거나 본의 아니게 퍼포먼스에 개입하는) 관객에게 생각을 표현하기 위한 언어가 필요할 뿐이다.

반제도, 반엘리트주의, 반소비주의. 퍼포먼스 아트는 애초부터 도발적이며 정치적인 행위로 규정된다. 여기서 '정치적'이라 함은 이데올로기나 도그마라기보다는 파열과 도전을 뜻한다.

익명의 여성 예술가들로 구성된 게릴라 걸스는 백인 남성 작가의 작품 위주로 전개된 미술관의 성차별과 인종차별에 공개적으로 이의를 제기한다.

퍼포먼스의 시공간은 삶과 예술, 대중과 관객, 정치와 미학 사이의 경계를 허문다.

때로 사람들은 본의 아니게 마주치는 퍼포먼스에 어떻게 반응해야 할지를 모르기도 한다. 놀랄 필요 없다. 당연하다.

가면을 쓴 한 남성이 값비싼 레스토랑에 들어가 앉는다.

남자 화장실에서 누군가 시를 읊고 있다.

관객을 교란하는 데 성공한 길레르모 고메즈-페냐의 퍼포먼스다.

개입 행위로서의 퍼포먼스는 상품을 생산하는 것에만 급급한 문화 산업의 흐름을 차단할 수 있다. TV, 라디오 프로그램, 인터넷 플랫폼을 통제하는 것보다 몸을 통제하는 것이 훨씬 더 어렵기 때문이다. 이러한 이유로, 권력을 잡은 정권은 어떠한 방법을 써서라도 대규모 집회를 막거나 피하고자 한다. 몇몇 나라에서는 공공 집회에서 사람들이 마스크를 쓰지 못하도록 한다. 퍼포먼스는 글과 출판에 의존하지 않는다. 덕분에 검열을 피한다. 퍼포먼스는 연극처럼 감독, 배우, 디자이너, 기술 장치를 꼭 필요로 하지 않는다. 퍼포먼스는 특별한 장소를 요구하지 않는다. 퍼포먼스는 오직 퍼포머의 행위(때로는 존재 자체)와 관객만을 요구한다. 종종 사람들은 자신이 관객이라는 사실을 알아차리지 못한다.

엘레노라 파비오는 눈을 감은 채 도시를 거닌다. 오직 손과 발만을 사용하여 길을 감지한다. '모든 것을 만지다.'라는 뜻의 토코 투도는 모르는 사람에게 도움을 요청해 오로지 그 상대만을 의지한 채 횡단보도를 건너고 길을 찾는 퍼포먼스다. 위태로운 퍼포먼스의 한 예이다. 파비오는 위태로움(precariousness)을 단명함(ephemerality)과 구별하여 설명한다. "단명함이 일시적이고, 순간적이고, (영구적인 것의 반대인) 잠시 동안의 것이라면 위태로움은 불안정하고 위험하며 (확실하고 안정적인, 안전한 것의 반대인) 험난한 것이다. 단명함이 죽음의 리허설이라면 위태로움은 삶을 유지하는 것이다. 단명함이 지속하지 않음을 의미한다면 위태로움은 '현재 만들어지고 있는 것은 이미 몰락해버린 것'임을 의미한다."

파비오가 도시에서 길을 찾고자 도움을 요청한 사람들이나 파비오를 길에서 목격한 사람들은 대체 이 퍼포먼스가 무엇인지, 왜 그가 이러한 일을 하는지 잘 이해하지 못할 가능성이 크다. 그러나 그들이 이를 '퍼포먼스'라고 인지하는 것만으로 충분하다.

일련의 위태로움: 토코 투도에서의 엘레노라 파비오.
상호세 두 리오 프레토 국제 연극 페스티벌, 2012.
사진: 펠리페 리베이로

줄리 토렌티노, 두 사람에 관한 실제 이야기.
사진: 데브라 레빈

퍼포먼스는 규모의 문제를 상기시킨다. 어떤 퍼포먼스는 단 한 명의 관람자를 위해 만들어지기도 한다.

줄리 토렌티노는 밖에서 볼 때는 거울이지만 안에서는 바깥이 보이게 제작된 유리를 사용해 갤러리 안에 육면체 공간을 만들었다. 그리고 사람들을 초대해 그 안에서 함께 춤추었다. 2005년 뉴욕 파티시펀트 주식회사 갤러리에서 진행된 두 사람에 관한 실제 이야기라는 작업이다. 데브라 레빈은 이 1:1 퍼포먼스를 다음과 같이 서술한다. "무작위로 나오는 음악과 귀뚜라미 소리, 정적에 맞추어 토렌티노는 몸을 움직였다. 토렌티노는 여러 다른 몸들이 계속해서 그의 공간 안에 들어와 그들이 원하는 대로 자기 몸이 움직이기를 바랐다. 그는 혼자이든 타인과 함께이든, 작가의 몸은 끊임없이 움직여야만 한다는 규칙을 세웠다. 한 번에 한 명씩, 관객은 그를 움켜쥐고 옮겼다. 또 다른 관객은 무언가를 고백하였고 함께 숨을 쉬기도 하였다. 짝이 맺어질 때마다, 그리고 그 맺어짐 사이에 공백이 생길 때마다 퍼포먼스는 움직임과 흩어짐을 조우의 흔적으로 남겼다."[24]

수천 명의 사람이 참여하는 대규모
퍼포먼스도 있다. 우리는 이것을
'규모의 퍼포먼스'라 부른다.

파트리시아 아리자는 폭력에 노출된 300명의 콜롬비아
여성들과 함께 광장의 여성들이라는 대규모 퍼포먼스를
만들었다. 실종된 사람들의 친인척을 포함한 수천 명의 관객이
참여한 이 퍼포먼스는 콜롬비아 보고타의 볼리바 광장을 가득
채움으로써 국가의 폭력을 수면 위로 드러내었다.

파트리시아 아리자, 광장의 여성들
콜롬비아 보고타에서의 헤미 모임, 2009.

규모가 크든 작든 퍼포먼스는 항상 매개의 과정을 거친다. 작가와 관객(참여자)의 개별적인 몸은 몸짓과 의미의 레퍼토리를 재활성화한다.

몸을 강조해 온 퍼포먼스의 역사를 전제로, 사람들은 대개
퍼포먼스 작품의 핵심이 예술가일 것이라고 짐작한다.
뉴욕현대미술관에서 2010년 열린 마리나 아브라모비치의
회고전 작가는 여기 있다는 아브라모비치라는 작가의
존재 자체가 전시의 주제였다. 이미 제목에 드러나 있듯이
말이다. 커다란 전시장은 기록 문서, 비디오, 사진, 설치,
(아브라모비치의 대표작을 다른 퍼포머들이 수행한) 재연
작업으로 채워졌다. 전시가 진행된 두 달여 동안 작가는
매일, 총 700여 시간을 미술관 중앙에 있는 아트리움의
의자에 앉아 있었다. 관객은 한 명씩 차례로 작가의 반대편에
놓인 의자에 앉아 때로는 몇 시간씩 조용히 있다 가곤 했다.
이 지속하는 퍼포먼스를 통해 사람들은 퍼포먼스가 작가
뿐만 아니라 작품을 직접 경험하는 참여자를 위한 개별적인
시공간도 만들어낼 수 있음을 체감했다. 그러나 이때의
시공간은 작가의 존재 이상으로 훨씬 더 복잡한 문제들을
가지고 있었다. 이 퍼포먼스는 1:1의 관계를 형성하여 친밀한
감정을 불러일으켰지만 동시에 뉴욕시 전역의 광고판과 버스에
홍보 포스터가 걸릴 정도로 엄청난 규모를 뽐내기도 했다.
아브라모비치는 존재함과 동시에 부재했다. 다시 말하자면
아브라모비치는 이 전시에서 퍼포먼스의 다양한 삶의 형태를
보여주면서 퍼포먼스의 과거, 현재, 미래를 동시에 발생시켰다.
기록 문서는 과거 작업의 아카이브로 기능하였고 재연된
퍼포먼스는 미래를 향한 그의 갈망을 드러냈다. 즉, 작가는
더 이상 현재에 머물러 있지 않더라도 그의 작업이 계속해서
활발하게 재생되기를 바랐다. 퍼포먼스의 본질에 대한
물음은 이 책의 8장에서 자세히 다룰 것이다. 퍼포먼스는 과연
단명하는 것일까 혹은 그 자체의 순간을 사는 것일까. 한편
여기서 다른 예술가들을 위해 꼭 짚고 넘어가야 할 점이 있다.
퍼포먼스에는 존재하기와 부재하기의 여러 방법이 있다.

작가는 여기 있다, 뉴욕현대미술관, 2010.
사진: 아비가일 레빈

퍼포먼스는 언제나 매개된다. 아주 엄밀히 라이브 아트만 두고
보더라도 말이다. 작품은 재현의 체계 안에서 작동하며, 몸은
정보를 전달하는 동시에 몸짓과 이미지의 순환에 참여하는
미디어이다. 이러한 맥락에서 몸은 메시지인 동시에 매체이다.
아즈텍의 사제, 타라후마라의 샤먼, 동시대에 활동하는
퍼포머는 항상 현재, 미래, 과거, 여기와 여기 너머 사이에서
교섭한다. 당대의 기술과 초자연적인 힘의 관계 속에서, 그리고
사회적, 종교적, 정치적 가치들의 대화 속에서.

작가와 관객의 관계는 때때로 참
복잡하다. 작가는 존재하거나 부재할
수 있는 여러 방법을 갖고 있으며
관객 또한 여러 역할을 동시에
맡기도 한다. 참여자, 목격자, 구경꾼,
(듣는 이를 지칭하는 용어인) 청중,
훔쳐보는 사람, 비평가, 관찰자,
방관자 등 관객의 역할을 가리키는
이 많은 단어만 봐도 쉽게 알 수 있다.

알바호 비야로보스는 40시간 동안 컴컴한 상자 안에 자신을
가두어 두었다. 관객은 그를 볼 수 있었지만 그는 관객을 볼 수
없었다. 비야로보스는 이 퍼포먼스를 통해 폭력에 의해 갈 곳을
잃은 감춰진 사람들을 볼 수 있도록 하였다. 콜롬비아에서는
이 감춰진 사람들을 보통 '일회용(disposables)'이라고 부른다.
이 퍼포먼스는 관객의 시선을 선복시킨다. 우리는 대개
도움이 필요한 누군가와 눈이 마주치길 꺼린다. 비야보로스의
퍼포먼스는 작가 자신이 스스로 얼마큼 버틸 수 있는지만을
이야기하지 않는다. 보고 싶지 않은 현실에 직면했을 때 관객이
이를 얼마큼 감당할 수 있을지를 시험대에 올린다.

두 명의 아이가 알바호 비야로보스의 블랙 박스 안을 들여다 보고 있다. 작가는 콜롬비아
국립대학교 미술관에 놓인 나무 상자 안에 40시간을 갇혀 침묵하였다. 이 퍼포먼스는
2009년 콜롬비아 보고타에서 열린 헤미 모임의 일부로 진행되었다.
사진: 마테오 루다스

알바호 비야로보스, 블랙 박스
사진: 니키 케코스

작가의 몸이 관객과 꼭 같은 공간에 머무를 필요는 없다.

아우구스토 피노체트의 독재 시기이던 1983년에 칠레의
예술가 그룹 CADA는 '더 이상 ~는 없다(no more)'를 말하는
No+ 캠페인을 벌였다. 이 작품은 산티아고 주변의 벽에 쓰인
단어들로 만들어졌다. 안전상의 이유로 CADA는 작품을
만들자마자 해산해야 했지만, 그들은 시민을 초대해 아래
문장들을 직접 완성하도록 했다.

No+ 독재

No+ 폭력

No+ 남성우월주의

No+ 총

No+ ...

비록 멀리 떨어져 있더라도 우리는
작가의 힘과 존재를 느낄 수 있었다.
대중은 이 퍼포먼스를 완성해야 하는
임무를 전달받았다.

No+ 퍼포먼스는 이후 세계 곳곳의 여러 정치적 무대에서
활용되기도 하였다. CADA의 구성원이었던 다이아멜라 엘팃은
정치적 예술이 예술가에게만 귀속되기를 멈추고 이를 활용하고자
하는 모두의 것이 된다고 말했다.[25] No+는 퍼포먼스가
어떻게 지속되는지, 다른 이에 의해 완성된 후 어떻게 다시
유포되는지를 잘 보여준다.

CADA, NO+, 시민 행동, 칠레 산티아고, 1983.
사진: 호르헤 브랜트마이어

특정 시간과 맥락에서 다른 시간과 맥락으로 퍼포먼스를 옮기고 '인용'하는 다양한 방식이 있다. CADA의 아, 남아메리카!는 여러 대의 비행기가 칠레 정부의 중심인 모네다를 폭격했던 1973년 피노체트 쿠데타의 서막을 소환하여 수정해 만든 퍼포먼스였다. CADA는 소형 비행기 여섯 대를 빌려 산티아고 상공을 날게 하였고 비행 제한 높이에 닿은 상태에서 전단을 지상에 뿌렸다. 이 전단에는 "일상의 공간을 확장하기 위해 노력하는 한, 인간은 곧 예술가다."라는 메시지가 쓰여 있었다. 독재가 초래한 일상의 소멸에 대항하려는 힘, 그리고 또 다른 현실을 상상하려는 힘은 피노체트의 장기 독재 시기에 많은 칠레 사람들을 지탱해주었다. 이 퍼포먼스를 실제로 본 사람은 거의 없었다. 대부분이 이야기로만 접할 수 있었다. 그러나 아, 남아메리카!는 수많은 칠레 사람들이 앞으로의 가능할 법한 삶과 미래에 대해 생각해볼 수 있었던 무척이나 상징적이고도 핵심적인 작품이었다. 이 퍼포먼스는 작품을 직접 보는 것에만 의의를 두지 않았다. 이는 계속해서 퍼져나갔다. 확산은 결국 이 퍼포먼스가 존재해야만 하는 이유였다. 칠레 사람들은 이 작업이 헤미의 디지털 비디오 라이브러리(HIDVL)의 소장품이 되기 전까지 수년 동안 볼 기회를 얻지 못했다.

그러나 여기서 분명히 알아야 할 점은, ("숲의 나무가 쓰러졌다."라는 조지 버클리의 말처럼) 이 사건이 실제로 발생했다는 것이다. 퍼포먼스가 이뤄내고자 하는 일에 제한을 두거나 '지금'이라는 순간에만 한정하지 않고서.

퍼포먼스는 '끝난' 이후에도 오래도록 작동한다.

. .

"숲의
나무가
쓰러졌다.":
아일랜드의
철학자이자
성공회
주교였던
조지 버클리가
했던 말이에요
(혹자는 그가
이런 말을 한 적이
없다고도 이의를
제기합니다!). 그는
인간의 관찰과 지각
능력에 호기심이 있었고
이에 대한 신학적, 철학적
연구를 진행했답니다. 사실
전체 문장은 다음과 같아요.
"만약 숲의 나무가 쓰러졌다면
그리고 그것을 듣는 이가 주변에
아무도 없었더라면, 그 나무는
소리를 냈을까?" 우리가 사물과
현상을 감각적으로 인식함으로써
현실 세계가 구성된다는 것을
은유적으로 주장하기 위한
질문이랍니다.

칠레의 또 다른 퍼포먼스 그룹 카사그란데는 쿠데타 40주년을 맞이하여 모네다 주변 땅에 군용 비행기의 실루엣을 그렸다. 그들은 '시'를 비행기에서 떨어뜨리며 '폭격'을 퍼부었다. 아, 남아메리카!는 단명하는 퍼포먼스였다. 세상 모든 퍼포먼스가 단명하는 동시에 오랫동안 지속한다. 이는 퍼포먼스가 우리의 보는 법을 바꾸어 놓는 것과도 일맥상통한다. 다른 예술과 마찬가지로, 퍼포먼스는 서로 관여하고 인용하면서 역사적 사건과 이후의 변화를 이해하기 위한 다양한 갈래의 길을 제시해준다.

그렇지만 이 퍼포먼스는 꼭 일어났어야만 했을까?

지금 우리가 다루고 있는 퍼포먼스에 대하여 우리는 그 반대의 견해 또한 설득력 있게 주장할 수 있다. 위에서 나는 아, 남아메리카!가 지닌 지속하는 힘에 대해 이해하는 것이 중요하다고 말했다. 칠레의 모든 것, 심지어 하늘마저 소유했던 폭력적인 독재에 대항하기 위해 여섯 명의 작가가 실제 도시를 가로지르며 비행했다는 사실을 통해서 말이다.

카사그란데가 그린 비행기 실루엣, 모네다, 2014년 9월.
사진: X-Cam/아리엘 마린코비치

어떤 경우에는 발생할지도 모른다는 생각 자체로부터
퍼포먼스의 효력이 발생하기도 한다. 하나의 사례를 짚어보자.
EDT(Electronic Disturbance Theatre)와 b.a.n.g. 연구소의
창립자 중 한 명인 리카르도 도밍게즈는 미국과 멕시코 국경의
사막을 걸어서 건너는 사람들이 물을 찾거나 도움을 요청하는
용도로 쓸 수 있는 휴대 전화 TBT(Transborder Immigrant
Tool)를 디자인하여 선보였다.

비록 TBT가 실제로 개발되거나 상용화되지는 않았지만 이
도구의 상징적이고도 정치적인 효과는 너무나 강렬했다.
도밍게즈는 우파 정치인들과 언론으로부터 공격받았고
캘리포니아대학교의 교수직에서 박탈당할 것이라는 위협을
받기도 했다. 그를 비판하던 사람들은 일어나지도 않은 일을
애써 막으려 노력하였다. 그들은 이 도구를 '실상을 반영하지
않은 발명품'이라고 비판하기에 급급하였다. 미등록 체류자를
돕고자 하는 (도구가 아닌) 이 제안은 강력하였고, 권력이
응답해야 하는 방식을 근본적으로 바꾸었다. 존재하지 않던
도구의 정치적 효력은 실상 생각의 수행적인 힘이었다.
퍼포먼스가 발언 그 자체로부터 발생한 것이다. TBT가 혹여
초래할지도 모를 인도적 지원이나 테러 행위 등 모든 범위를
아우르는 일종의 선언이나 다름없었다.

TBT 핸드폰, 미국과 멕시코 사이의 국경, 2011.
사진: 다이애나 테일러

엘레노라 파비오, 수용적인 몸
몬테레이에서의 헤미 모임, 2001.
이 퍼포먼스가 진행되는 동안 관객은 파비오의 얼굴에 그림을 그렸다.
사진: 로리 노박

퍼포먼스 아트는 기존의 의미와 관습에 저항한다. 벽을 넘고 프레임을 부수면서 한계와 규범에 맞선다. 그리하여 우리가 따르는 단 한 가지 규칙이 있다.

규범을 깨는 것이 곧 퍼포먼스의 규범이다.

보는 행위자들

퍼포먼스는 종종 예술가가 지닌 한계에 도전한다.
또 퍼포먼스를 관람하는 사람에게 도전장을 내밀기도 한다.

연극 전문가들은 보기를 앎의 한 방법으로 인식한다. '보는 행위를 위한 장소'라는 뜻의 그리스어 'théâtron'은 이론을 제시하는 장소를 의미하기도 한다. 플라톤부터 오늘날의 이론가들 또한 보는 것에는 정치가 개입한다는 사실을 인식하고 있다. 물론 그 정치가 무엇을 의미하는지에 대해서는 견해가 엇갈린다. 플라톤에게 숙련된 예술가는 "지식과 무지, 실제와 재현"을 구분하지 못하는 "어린이와 단순한 사람"을 속일 수 있는 "돌팔이"였다.[26] 아리스토텔레스는 재현의 교육적이고 정동적인 힘에 대해서 확신했다. 개구리에서 아리스토파네스는 종종 관객이 정치적인 책략의 목적 자체가 된다고 지적했다. 관객은 단순히 이 기술을 배우기만 하는 것에 머무르지 않는다. 모든 시각은 부분적이며 매개된다는 개념은 적어도 플라톤의 동굴에까지 멀리 거슬러 올라간다. 그러나 시각이라는 것을 통해 우리가 무엇을 알 수 있고 또 알 수 없는지, 관객이 자신이 경험한 것을 어떻게 평가하는지에 대한 논쟁은 지금까지도 꾸준히 이어지고 있다. 또 광범위하게 매개된 스펙터클과 디지털 기술의 상호작용으로 인하여 최근의 논쟁들은 더욱더 복잡해지고 있다.

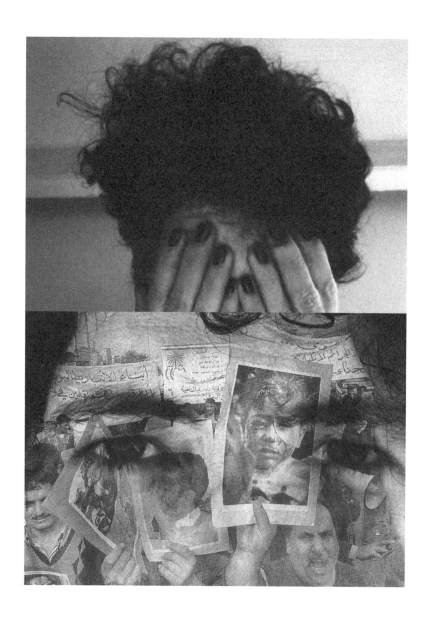

로리 노박, 보아라/아니/보아라, 2001.
사진: 작가 제공

퍼포먼스에 참여하는 방법은 아주 다양하다. 의례에는 입회자가 필요하다. 정치에는 지지자가 필요하다. 재판에는 증인이 필요하다. 베르톨트 브레히트는 부르주아 연극이 관객에게 각자의 비평적 능력을 (모자, 코트와 함께) 물품 보관소에 두고 오도록 요구한다고 보았다. 군사 독재는 잔혹한 행위와 공포를 통해 우리의 귀를 막고 눈을 멀게 하여 멍청이로 만들어 버린다. 그들은 유약한 개인을 생산하는 것에 독재의 목표를 둔다. 나는 이러한 과정을 퍼셉티사이드[27]라 부른다. 보지 않는 것이 낫다. 침묵하는 것이 낫다. 아우구스토 보알과 같은 이론가들이 주장하였듯이, 서구의 연극은 우리가 수동적으로 관람하게끔 단련시켰다. 미구엘 드 세르반테스는 베드로 주인의 인형극에서 돈키호테가 나무로 만들어진 악당을 공격하는, 삶과 예술을 구분하지 못하는 우스꽝스러운 모습을 통해 웃음을 이끌어낸다. 영국의 시인 사무엘 타일러 콜리지는 예술이 '불신을 유예하려는 의지'에 의존한다고 주장한다.[28] 연극에서 관객은 우리가 알고 있는 것이 흉내임을 일시적으로 믿을 때에 비로소 즐거움을 얻게 된다. 이 주장이 연극에 힘을 실어주든 그렇지 않든, 보이는 것과 무관하게 누구도 연극이 가진 소통의 힘에는 반기를 들지 않는다. 앙토냉 아르토는 "누군가를 죽이지 않더라도, 개인과 대중 모두의 마음에 가장 신비로운 변화를 불러일으키는" 연극의 힘을 극찬한다.

최근 들어서야 신경 과학자들이 입증해 낸 과학적 증거들
없이도 아르토는 이미 오래전 이렇게 말하였다. "우리의
신경 체계는 (...) 가장 미묘한 음악의 진동에 반응하고 또
결국 그것에 의해 변한다. (...) 마음은 보는 것을 믿고 또
믿는 것을 실천한다."[29] 정치에서 방관자가 '살인을 유발하는
변동'을 감지하고서 실제 눈앞에서 무엇이 일어났는지 일부러
알아차리지 않거나 이해하지 않아야만 자신이 살아남을 수
있다고 여기는 것과 마찬가지다. 보기와 보지 않기에 관한
모든 사례는 관습에 반응한다. 상업적인 연극이나 공적인
퍼포먼스에서 관객은 극적인 사건, 갈등, 행복한 결말이라는
지배적인 흐름에 저항하거나 개입하는 것을 삼가도록
교육받는다. 수동적인 태도로 퍼포먼스를 관람하는 것은 보통
관객의 행동 규범 중 하나이기도 하다.

그들, 즉 연기자와 영웅은 행동한다. 우리는 그저 지켜볼 뿐이다.

로베르토 시프엔테스, 크루시/픽션, 골든게이트 공원, 샌프란시스코, 1994.
사진: 신디아 윌리스

미국과 멕시코 사이의 국경에 놓인 나무 십자가에 두 남자가 매달려있다. 그들은 관객에게 지시문 하나를 남겨 십자가에 매달린 자신들을 직접 내리도록 요청하였다. 이 상황이 퍼포먼스임을 인지한 관객들은 연극적 관습에 따라 누구도 개입해서는 안 된다고 지레짐작하고 말았다. 두 작가는 결국 실신하였다.

미셸 멜라메드는 전기가 흐르는 줄로 팔과 다리를 매달아 역류라는 작업을 선보였다. 텅 빈 검은 무대 위의 전구는 전류가 얼마나 흐르고 있는지를 보여주고 있었다. 관객이 만든 모든 소리가 전기 충격이 되어 그의 몸을 관통하였다. 퍼포먼스 내내 멜라메드는 관객에게 말을 걸고 농담을 던졌다. 관객은 이때 반응을 보이며 웃어야 했을까? 아니면 그를 더 이상 고통스럽게 하지 않기 위해서 조용히 앉아 있어야만 했을까? 이 작품은 이처럼 여러 생각거리를 던져준다. 특히 오래지 않은 과거에 시민을 전기 고문했던 나라에서 이루어진 퍼포먼스였기에 더욱 화제가 되었다. 관객은 과연 폭력에 동조할까? 자신이 자리를 떠나면서 남기는 소리가 멜라메드를 더 고통스럽게 할지라도 퍼포먼스 참여를 거부하고 극장 밖으로 걸어 나갈 것인가? 멜라메드는 혹시 답도 없고 좋은 결과도 없는 결정의 딜레마를 강요하며 관객에게 폭력을 행사하고 있는 것은 아닐까? 아마도 이 작업은 우리에게 '혼자 하는' 퍼포먼스 같은 건 없다는 점을 시사하고 있을지도 모른다.

미셸 멜라메드, 리구르지토파지아, SESC 지나스티코 극장, 리우데자네이루, 2009.

보는 행위는 나쁜 상황을 초래할 수 있다. 위험한 보기, 즉 보는 이가 드러나지 않는 보기는 보기를 감시하는 사회 시스템 속에서 사람들을 위험에 빠뜨리곤 한다. 타인과의 연결을 가능케 하는 상호 간의 보기는 몰래 보는 행위에 그 위력을 내어주고 만다. 감시의 시선 안에서 활동하는 사람들은 감히 누군가의 눈에 띄지 않으려 노력한다. 차라리 주의 깊게 '보지 않기'를 배우는 것이 낫다. 퍼포먼스는 보지 않음을 택하는 퍼셉티사이드를 실천하며 우리가 눈을 감을 수밖에 없는 잔혹한 행위의 승리를 무대 위에 올린다. 폭력의 스펙터클은 우리가 말하지 못하고 볼 수 없게 만든다. 우리는 우리가 보고 있는 무언가를 거부해야만 한다. 우리는 눈을 감은 상태로 우리를 둘러싼 폭력에 공모한다. 오이디푸스처럼 우리는 우리가 만든 이 세상을 제대로 볼 수가 없다.

보알에게 있어 관객은 나쁜 단어다! 보알은 수동적인 관객의 관습을 깨부수고 싶어 했다. 그는 관객이 적극적으로 자신의 역할을 바꾸어 퍼포먼스에 참여하고 개입하는 보는 행위자(spect-actor)로 거듭나길 바랐다. 보알은 '억압받는 자들의 연극'이라는 단체를 만들어 사람들이 일상에서의 정치적 순간에 개입할 수 있도록 단련시켰고, 이론과 실천을 버무려 발전시켜 나갔다. 예를 들어 이미지 연극 프로그램에서 그는 대여섯 명의 참여자 집단에게 억압의 이미지를 떠올려 보라고 요구했다. 그리고 다시금 새로운 이미지를 떠올리라고 했다. 앞서 떠올린 억압의 이미지에 대한 이상적인 해결을 위한 제안이었다. 세 번째와 마지막 네 번째 이미지까지 이어지며 그는 사람들에게 어떻게 자신이 여기서(문제) 저기로(해결) 도달했는지를 보여달라고 요청했다. 그가 개발한 많은 프로그램 중에서 특히 단순한 이 이미지 연극은 참여자를 능동적인 행위자, 즉 보는 행위자로 거듭나도록 하는 데 도움을 준다.

관람은 오직 권력의 관계들과 시스템 속에서 기능한다. 감시자, 관음, 목격 등 보기와 관련한 여러 단어처럼 관객은 꼭 전치사를 요구한다. 문장에서 고립된 채 멀찌감치 주변부에 떨어져 있는 것처럼 들릴지언정 말이다. 우리는 무엇에 대한, 무엇 안의, 무엇의... 관객이다.

루이 알튀세르는 마르크스를 위하여에서 "퍼포먼스는 본래 문화적이고 이념적인 인지를 위한 의식"[30]이라고 하였다. 알튀세르는 관람의 방법을 크게 두 가지 유형으로 분류했다. 하나는 거리를 두는 것이고 또 다른 하나는 거리가 없는 것으로, 동일시를 의미하기도 한다. 그는 "사회적, 문화적, 관념적 의식"을 "순전히 심리적인 의식"으로 격하시킨다는 이유에서 관람의 동일시 모델과 헤게모니적 거리 두기를 거부했다. ("억척 어멈이 당신의 눈 앞에 펼쳐진다. 그는 행동하고, 당신은 판단한다. 무대 위에는 무지한 이미지가 있고 헛간에는 명쾌한 이미지가 놓여 있다.") 당신이나 나에게만 해당하는 이야기가 아니다.

알튀세르나 다른 마르크스주의 이론가들처럼 베르톨트 브레히트 또한 비판적이고 변증법적인 관람의 필요성을 주장했다. 브레히트는 거리 두기와 환상 깨기 등을 의미하는 '낯설게 하기(Verfremdung)'라는 개념을 발전시켜 나갔다. 점점 더 기계화되어가는 생산 시스템 안에서 노동자들이 느끼는 소외를 방지하기 위함이었다. 이를 통해 환영을 물리치고 친숙한 낯섦을 만들어내어 사람들은 더욱 맑은 눈으로 세상을 바라보며 명료한 비판 의식을 지니고 행동할 수 있게 된다.[31] 브레히트는 '자유롭고 유동적인 관객의 지성'을 원했다. '마치 최면에 걸린 것처럼' 어두운 극장 안에 앉아만 있는 '잠자는 사람'이 아니라, 무대 위에서 진행되고 있는 상황에 신중하게 반응할 수 있는 사람이다.[32] '과학 시대의 아이들'인 우리는 자신 앞에 놓여 있는 도전을 하나씩 해결해 나가는 과정을 즐긴다. 바로 이때 우리는 연극과 관람의 즐거움을 느끼게 된다.

1930년대와 1940년대 유럽의 파시즘 시기에 저항의 목소리를 내며 글을 쓴 앙토냉 아르토는 "연극의 근대적 인본주의와 심리학에 기반한 기존의 의미를 폐기"하고자 하였다. "화형을 당하면서도 불꽃 속에서 신호를 보내는 희생자들처럼"[33] 미지의 것, 신비롭고 초월적인 것을 향하여 두려움을 내던지는 과정을 통해 관객이 곧 참여자가 되는, 이 광적이고 극단적이며 황홀한 연극에 관여하고자 하였다.

브레히트와 아르토에 이어 자크 랑시에르는 '관객의 역설'을 주장한다. 관객이 존재하지 않는 연극은 있을 수 없지만 그들은 대개 수동적이며 나쁘다는 것이다. 랑시에르는 브레히트와 아르토 모두의 입장에서 "연극은 자신의 몰락을 위해 고군분투하는 매개로서 제시된다."고 보았다. 논쟁은 관객의 비평적인 능력을 날카롭게 다지기를 요구하기도 하고 참여에의 몰입을 위해 비판적인 사고를 포기하기를 요구하기도 한다. 하지만 랑시에르가 지적하듯이 보는 것 또한 하는 것과 다름이 없다. "감상 또한 행위이다. (...) 관객은 관찰하고, 선택하고, 비교하고, 해석한다. (...) 관객은 자신만의 방법으로 보기의 형태를 달리하며 퍼포먼스에 참여한다."[34]

신경과학자 비토리오 갈레세는 랑시에르의 "보는 것은 하는 것이다."에 동의를 표한다. 갈레세는 인간의 거울 동기화 시스템을 연구한다. 우리가 어떤 행동을 하는 누군가를 바라볼 때, "우리의 운동 신경은 마치 우리가 관찰하는 그 움직임을 똑같이 수행하는 것처럼 작동한다."[35] 그는 "행위에 대한 관찰은 곧 행위에 대한 시뮬레이션을 의미한다."고 보았다. 관람은 사회적이고 관계적인 행위이다.

아리엘 아주레이는 '관객의 책임'을 강조한다. 특히 사진과의 관계에 있어서 더 중요한 문제이다. 그는 정치적 현실에 대해 평가하고 의견을 표할 '윤리적인 관객'의 필요성을 주장한다.[36] 그는 우리에게 사건을 촬영한 사진가와 프레임 밖의 관객을 잊지 말라고 당부한다. 그들 (우리) 모두는 현재 발생하고 있는 무언가에 연루되어 있다.

조르주 디디-위베르만 또한 관객이나 관람자에게는 바라보고 상상해야 하는 마땅한 의무가 있다고 주장한다. 디디-위베르만은 후대가 볼 수 있도록 사진을 찍어 남겼던 홀로코스트의 수감자에게 우리는 빚을 지고 있다고 말한다. 우리는 "몇 개 남지 않은 조각을 존재하게끔 하는 의무를 지닌 수탁자들이다. 그저 그것들을 바라봄으로써."[37]

퍼포먼스는 관객에게 행동하도록 요구할 수 있다. 하지만 퍼포먼스는 종종 관객을 아주 혼란스러운, 강력한, 무기력한, 불편한 상황 속에 빠뜨리고 만다.

로시오 볼리버, 다리를 오므려라
미국 뉴욕에서의 헤미 모임, 2003.
사진: 마를렌 라미레즈-칸시오

언 포도(La Congelada de Uva)라고 불리는 로시오 볼리버는
자신의 퍼포먼스에서 플라스틱으로 된 작은 예수 조각상을
질 안에 넣은 후 꿰매어 닫아버렸다. 그는 왜 이런 행동을
했을까? 더 정확하게, 우리는 그 상황에서 볼리버를 바라보며
무엇을 하고 있었을까? 그의 퍼포먼스는 관객의 동의에서부터
시작한다. 볼리버와 관객 모두 자유 의지로 현장에 머물렀다.
이 퍼포먼스는 보여주는 자와 관음하는 자 사이의 결탁을
성사시킨다.

나오 부스타만테, 아름다운 미국
페루 리마에서의 헤미 모임, 2002.
사진: 마를렌 라미레즈-칸시오

나오 부스타만테는 위험하고 충격적인 행위로 관객을
혼란에 빠뜨린다. 그는 하이힐을 신고 온몸을 포장용
테이프로 꽁꽁 묶은 뒤 위태로운 사다리 위에 오른다.
움직임은 무척 위험할 정도로 제한되어 있다.

또 다른 퍼포먼스에서 부스타만테는 물이 가득 찬
비닐봉지를 얼굴에 뒤집어쓴다. 몇몇 관객은 그의
얼굴에서 비닐봉지를 벗겨내야 한다는 윤리적인
의무감을 느낀다. 그들은 이 퍼포먼스가 예술적인
결과를 만들어 내든 그렇지 않든 상관없이, 인간의
신체를 절단하고 파괴할 가능성이 있는 이 작업에
동참하지 않음을 택했다.

부스타만테는 우리에게 다음과 같이 경고한다.
"나는 당신이 내 작업을 통해 어떠한 것을 경험하든지
간에 아무런 책임을 치지 않습니다."

나오 부스타만테, 중력 없이
미국 뉴욕에서의 헤미 모임, 2003.
사진: 작가 제공

150

퍼포먼스는 관객에게 계속 무언가를 하도록 요구한다. 비록 그 무언가가 아무것도 하지 않는 것일지라도 말이다.

제4의 벽:
프랑스의 계몽주의자
드니 디드로가 말한
개념으로, 객석과 무대를
구분하는 눈에 보이지 않는
가상의 벽을 일컬어요. 객석에
앉아 있는 관객과 무대
위의 배우가 분리되어 서로
간섭할 수 없게 만드는 경계를
가리키는 것이죠.

모든 퍼포먼스는 저마다 이상적인 반응을 기대한다. 무대와
관객 사이를 떼어놓는 연극적 공간인 '제4의 벽'은 관객에게
개입을 허용하지 않는다. 계속해서 거리를 두고서 예술 작업을
앉아서만 지켜보도록 요구한다. 시위는 사람들이 어떠한 명분을
가지고 연대하기를 요구한다. 멕시코에서의 여성 혐오 범죄
반대 시위를 조직했던 사람들은 시위 행렬에 가담한 이들에게
죽은 여성의 몸 위에 꽃을 올려둔 후 계속해서 평화를 위해
싸우고 헌신하기를 요구했다.

관객을 교란하는 퍼포먼스가 있고 공포에 떨게 하는 퍼포먼스가
있다. 또 우리가 더 이상 보지 못하도록 하는 퍼포먼스도 있다.
헤수스 마틴 바베로가 지적한 대로 여전히 몇몇 퍼포먼스는
우리의 눈에 일격을 가한다. 관객은 더 이상 예전의 방식으로
사물을 볼 수 없게 된다.

멕시코에서의
여성 혐오 범죄
반대 시위:
성차별로 인해
발생하는 여성 살해를
페미사이드라고
하는데요, 멕시코는
여성에 대한 폭력이
세계에서 가장 심한
나라 중 하나이며 그
폭력의 수준은 날이
갈수록 심해지고 있다고
합니다. 하지만 정부
및 경찰의 미흡한 대응과
법제도 탓에 범죄자가
붙잡혀도 처벌 받는
비율은 극히 낮다고 해요.
최근 멕시코 여성들은 이에
항의하는 목소리를 높여 왔고
특히 2020년 세계 여성의
날에 8만여 명의 여성이
참여한 대규모 시위를 열기도
했습니다. 이 시위에서의
구호는 "더는 안돼!(!Ni una
mas!)"였다고 해요. 이튿날에는
여성주의 행동가 콜렉티브 '바다의
마녀들(las Brujas del Mar)'의
주도로 '여성 없는 날(Un Dia
Sin Mujeres)'이라는 퍼포먼스가
이루어졌죠. 여성들이 사라진
일상을 통해 사람들은 평소
그들에게 가해졌던 성차별적
폭력의 규모와 강도를 실감할
수 있었습니다.

151

앞서 우리는 퍼포먼스를 ~하기와
~한 것으로 정의하였다. 이제 여기에
덧붙여보자.

퍼포먼스는 관객에게 하기, 관객에게
한 것, 관객과 함께한 것이다.

No+대학살
멕시코 산 크리스토발 데 라스 카사스에서의 헤미 모임, 2010.
사진: 모이세스 주니가

퍼포먼스의 새로운 사용법

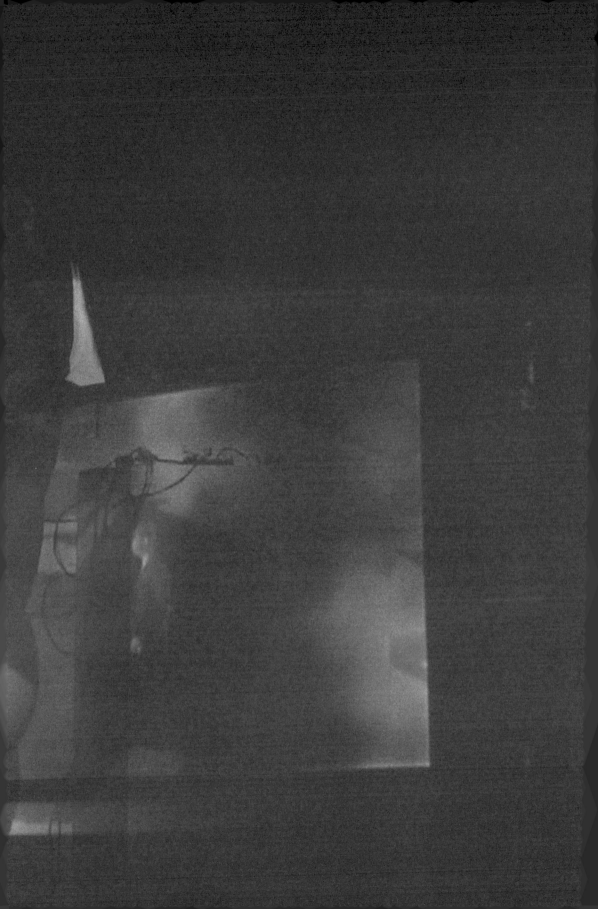

지난 30년간 우리는 퍼포먼스라는 단어의 사용이 사회에서 급격히 증가하는 것을 목격하였다. 근래 이 단어를 구글에서 검색해보면 영어로만 6억 3천만 개가 넘는 결과가 쏟아져 나온다. 대부분 퍼포먼스는 역량, 성과, 실행, 결과의 유사어로 쓰인다.

선글라스, 운동화, 컴퓨터, 자동차, 드론, 군사 시스템 등은 저마다 퍼포먼스의 우수성을 뽐낸다. 어느 한 광고에서 성공한 사업가들은 '인간 퍼포먼스의 가장 위대한 전문가'로 묘사되었다. 운동 기록의 퍼포먼스를 최대치로 끌어올리기 위한 교육 프로그램도 있다. 시코스키 군사 시스템은 "임무가 무엇이든지 (...) 우리의 목표는 최첨단 항공기와 군인의 퍼포먼스를 극대화할 수 있는 시스템을 공급하는 것"이라고 말한다. 모든 사람과 사물은 자신의 잠재성과 가능성에 따른 행동을 하고 또 결과를 내놓는 것일까? 어찌 되었든 우린 모두 "퍼포먼스를 하거나 혹은 아니거나!"다.[38]

퍼포먼스 이론가 존 맥켄지는 "예술가와 운동선수의 퍼포먼스를 노동자와 경영인, 나아가 컴퓨터와 미사일 시스템의 퍼포먼스와 연결하여 이해하는 것"이 필요하다고 주장한다. 그는 "20세기 말에 생겨난 예술적 저항의 한 형태이며 동시에 비즈니스 조직의 지배적 관행인 퍼포먼스"에 관해 질문한다.[39]

여기에 정치를 추가해보자.

정치가의 자문은 성과보다는 특정한 모양새(style)로서의
퍼포먼스가 선거에서 더 유리하다는 것을 인지하고 있다.
그들에게는 퍼포먼스가 검증 가능한 사실인지 보다는 얼마나
효과적이고 또 인상적인지가 중요하다. 또한 정치에서의
퍼포먼스란 대중을 움직여 행동하게끔 (예를 들어 투표하게끔)
하는 것임을 알고 있다. 행동하지 않게끔 (예를 들어 리더의
행동에 좌지우지되어 섣부른 판단을 하지 않게끔) 하는 것도
마찬가지다. 자문은 자신이 돕는 후보자가 여느 배우보다
역할을 더 잘 소화할 수 있도록 훈련시킨다. 후보자는 리허설을
거치며 준비한다. 카리스마를 갖춘 정치인의 몸짓, 스타일,
정동은 특정 효과를 불러일으킬 수 있기 때문이다.
대중은 후보자가 무엇을 '말하는지' 보다는 그가 어떻게 사안을
'보고' '행동하는지'에 더 민감히 반응하는지도 모른다.

리더의 이미지는 비록 조작된 상품에 불과하지만 대중은
여전히 이 이미지가 고유한 가치, 이상, 포부 등을 담고 있기를
바란다. 사람들은 특정 리더와 자신을 동일시하고 싶어 한다.
'에비타는 우리를 사랑해요.' '부시는 평범한 사람이에요. 저나
제 이웃들처럼 말이죠.' 감정을 드러내지 않는 정치인에 대해
우리는 거리감을 느끼고 능력이 부족하다는 인상을 받는다.
그리고 '우리 중 하나가 아니라고' 여기고 만다.

대릴 카글의 드로잉(www.politicalcartoons.com)

모양새로서의 퍼포먼스가 결과에 영향을 주는 사례들을 통해 우리는 퍼포먼스가 '실제' 결과를 초래한다는 것을 알 수 있다. 리허설을 거쳐 무대에 올려지는 것임에도 불구하고 이러한 정치 퍼포먼스는 종종 파괴적인 결과를 낳기도 한다. 퍼포먼스를 참/거짓, 실제/가짜의 기준으로 판단하는 것은 불가능하다. 대신, 감정적인 것은 효과적이다.

멕시코의 이론가 로산나 레길로는 전통에 기반한 제도를 위반하고 거부하는 열정의 정치를 실현함으로써 정치의 비정치화를 이루는 것에 관하여 이야기한다.[40] 열정의 정치는 정치적 영역에서 몸을 부활시키는 것과 몸이 중심이 되는 것의 중요성에 관해 설명한다. 그러나 여기서 통제되지 않은 행위와 열정을 몸이라는 '외피'에만 한정해 생각하면 안 된다. 그 행위와 열정은 이념적이고 구조적인 경계들을 가로지르며 국가의 어떠한 태도와 행동을 유발하는 내적인 두려움과 불안, 편견, 희망 또한 나타내기 때문이다. 일반적으로 미디어의 해설자들은 반대 진영의 사람들을 기존 정치 체제에서 벗어나 있으며 비이성적이고 화가 났다는 특정한 정서와 연결한다. 이는 지그문트 프로이트가 1차 세계대전 직후 관찰했던 현상으로, 오늘날까지 이어지고 있다. "여전히 국가는 이익보다는 열정에 훨씬 더 기꺼이 복종하는 듯 보인다."[41]

월가 점령 시위에서 익명의 인물, 2012.
사진: 다이애나 테일러

2006년, 수만 명의 멕시코 사람들은 수도인 멕시코 시티의 중앙 광장 소칼로에 모여 정부의 조작된 선거 개표 결과에 맞서는 시위를 벌이면서 재검표를 요구하였다. 이들은 50일 동안 텐트에서 잠자며 멕시코 시티의 중앙 도로를 점거하였다. 여기서 헤수사 로드리게스는 비폭력 저항의 일종인 퍼포먼스를 만들어 지나가는 사람들이 합법적 민주주의를 주장하는 시위대에 관심을 갖게끔 유도하였다. 조작된 선거에서 '패배'한 후보자 안드레스 로페즈 오브라도는 '합법적 대통령'으로서 '가짜' 취임식에서 선서를 마쳤다. 마치 쿠데타 퍼포먼스 같은 상황이 연출되었다. 불법이었던 이 '가짜'는 '진짜'보다 더 나은 효과를 만들어내었다.

대중의 분노를 두려워한 '진짜'의 공식 선서와 취임식은 공공장소에서 진행될 수 없었다. 대신 한창 의회가 소동을 벌이고 있을 때 4분짜리 행사로 급히 대체되었다.

안드레스 마누엘 로페스 오브라도르
출처: 라 호르나다 아카이브

엘 플란톤, 멕시코 시티 소칼로 광장, 2006년 7월.
사진: 다이애나 테일러

세계에서 가장 큰 도시 중 하나인 멕시코 시티에서 텐트를 치고
실제로 거주하며 음식까지 해 먹던 이 대형 퍼포먼스로 인해,
멕시코에는 결코 존재하지 않았던 참여형 민주주의와 안전한
공유 공간에 대한 상상이 비로소 가능해졌다.

미국에서는 4년에 한 번씩 하는 투표 외에도 티 파티어,
버더스, 월가 점령 그룹 등 많은 이들이 여러 형태의 정치적
퍼포먼스를 수행한다. 때로 이러한 행동은 극단적으로 과열되고
또 연극적으로 되기도 하다. 더데일리쇼의 존 스튜어트는
워싱턴의 한 쇼핑몰에서 '온전한 정신을 회복하는 집회'를
주도하며 제정신인 대다수의 사람에게 '진정하라'고 외치기도
하였다. 이 집회에 등장한 피켓 하나에는 "나는 당신의 의견에
동의하지 않는다. 그렇지만 나는 당신이 히틀러가 아님을
확신한다."라고 쓰여 있었다.[42]

버더스 :
미국의 제44대
대통령 버락 오바마가
선거 캠페인을 벌이던
때부터 임기를 마치던 날까지
그의 종교, 출생지, 시민권
등에 의문을 제기하고 의혹을
퍼트리며 그가 미국 헌법상
대통령으로 합당하지 않다고
주장하던 사람들을 지칭해요.
흑인에 대한 차별적인 시선을
견지한 사람들뿐만 아니라 당시
보수파와 공화당 의원들이 이러한
주장을 펼쳤답니다.

티 파티어 :
2009년 버락 오바마 행정부의 정책에 반대하기 위해 모인 미국의 보수 풀뿌리 유권자들을
지칭해요. 1773년 영국이 식민지 미국에 막대한 세금을 부과하자 미국인들이 저항의 표시로 영국 상선에
올라가 차를 바다로 내던져 독립 전쟁을 촉발했던 '보스턴 티파티' 운동에서 아이디어를 얻었어요. 누군가가
워싱턴 국회의사당의 의원실에 차 봉지를 하나씩 배달하자고 제안하면서 본격적으로 '티 파티 운동'이
시작되었지요. 티 파티어들은 당시 정부에게 세금 인하, 의료보험 개혁안 폐지, 반 이민 정책 등을
요구하였습니다.

특정한 맥락과 시나리오 안에서 정치적 퍼포먼스가 발생하고 또 이에 상응하는 주체를 생산한다.

우리는 보통 퍼포먼스의 가장 중요한 요소로 몸을 꼽는다. 몸은 사회 변화와 예술적 개입의 주인공이자 대리인 역할을 맡는다. 그러나 우리는 퍼포먼스가 또한 지배적인 권력 시스템 안에서 기능하며 몸은 그저 또 하나의 생산품이라는 것을 받아들여야만 한다. 식민주의, 독재주의, 가부장제, 고문, 자본주의, 종교, 세계화 등 권력은 모두 저마다 다른 몸을 생산한다.

인간의 몸은 변한다. (다시, 그리고 언제나...)

몸. 그런데 무슨 몸? 누구의 몸?
몸은 대체 어떻게 만들어지는 것일까?

에비타:
에바 페론을 부르는 애칭이며 그는
아르헨티나의 전 대통령 후안 페론의 두 번째
부인이기도 했어요. 부에노스아이레스의 작은
마을에서 태어나 스무 살 무렵 영화 배우가
되어 활발히 활동 했습니다. 이후 한 이재민
구호 기금 행사에서 페론 대통령을 만나
결혼하였고 남편의 선거 운동
중 사람들은 그를 에비타라고
부르기 시작했죠. 영부인이
된 이후 에비타는 과거
빈민가에서 자라난
자신의 경험을 떠올리며
여러 자선 사업을
펼쳤고 큰 인기를 얻게
되었습니다.

다비드 로자노, 브랜드와 에고: 몸을 위한 거래
콜롬비아 보고타에서의 헤미 모임, 2009.

1950년대 에비타의 실제 몸은 1996년 에비타를 연기한
마돈나의 몸과는 다르다. 특히 마돈나는 근육으로 다져진 몸을
갖고 있었다. 뉴욕헬스라켓볼클럽 광고에는 장발의 약골 남자가
등장한다. 우리는 그를 통해 '오직 자동차만이 근육을 갖고
있던' 1970년대를 떠올린다. 후기 자본주의에서 몸은 소비하는
주체이자 동시에 소비의 대상이다. 몸은 우리가 소유한 것이자
우리 그 자체이며 또 통제의 시스템이 만들어낸 생산품이기도
하다(이 책의 5장을 보라). 시몬 드 보부아르에 따르면 우리는
여성으로 태어나는 것이 아니라 점차 여성이 되어가는
것이다. 한편 태어나기 전과 태어난 이후에 우리 각자에게
주어진 역할을 스스로 내면화하는 동안 외부의 통제는 점점
더 심해져만 간다. 소비의 주체는 대상화라는 과정에 자신을
옭아맨다. 사람들은 광고에 나오는 거식증 환자 같은 모델의
포토샵 된 이미지와 유사한 몸을 만들기 위해 굶기를 선택한다.
몸은 일종의 프로젝트다. 노력을 통해 완벽을 얻을 수 있다. 한
여성 잡지의 표지는 우리에게 달콤한 약속을 던진다. "당신이
이전까지 가져본 적 없던 최고의 몸! 지금 가지세요! 영원히
유지하세요!"

자신을 소비의 대상으로 삼는 자본주의 시스템 속에서 '당신'은
오직 재현된 몸으로만 존재한다. 상품과 문화 자본의 축적 과정에
하나쯤 추가된 것 뿐이다. 프리미엄 붙이기 혹은 소멸하기에서
로저 코헨은 다음과 같이 말한다. "당신의 쇼핑 스타일을
내게 말해 주세요. 그럼 나는 당신이 어떤 사람인지를 말해
줄게요. 상하이든 샌프란시스코든 어디든, 쇼핑 장소는 별로
상관없어요."[43] 판매 중인 핸드백만을 의미하는 게 아니다.
당신의 이미지 그 자체이다. "이제 당신은 당신의 얼굴이 새겨진
M&M 초콜릿을 온라인에서 구매할 수 있습니다."[44]

자본주의 사전에서 당신(YOU)은 곧 물건이자 대상이다. 유이피케이션(YOUIFICATION)은 물건이 되어가는, 대상이 되어가는 과정을 의미한다.

자신의 것인 양 착각하는 욕망과 개인적 열망은 실상 자신의 이익과는 거리가 먼 (그리고 종종 과격한 갈등을 유발하기도 하는) 욕망 기계에 의해 생산된다.[45]

로시오 볼리버는 사회에서 형성된
여성성, 즉 완벽한 형태의 아름다움을
강요함으로써 발생하는 폭력이
사람들을 흉측하고 비인간적인 존재로
바꾸어 놓는다는 점을 분명히 한다.

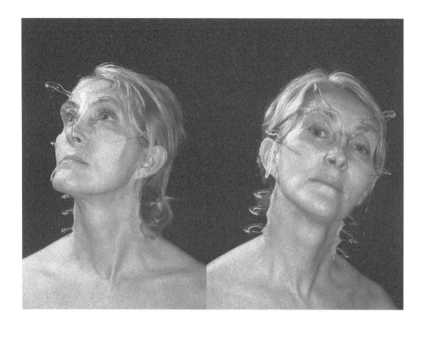

로시오 볼리버, 젊어 보이게 하는 마스크, 2013.
사진: 알프레도 벨트랑

경제적 퍼포먼스, 성적(sexual) 퍼포먼스, 몸의 퍼포먼스, 담론적 퍼포먼스, 기술적 퍼포먼스, 미학적 퍼포먼스. 이 모든 현상은 유기적으로 작동한다. 어떤 하나 없이는 무엇도 이해할 수 없을 정도로 서로가 밀접하게 연결되어 있다.

자본주의에서 퍼포먼스는 전체주의나 권위적인 독재 정권의
퍼포먼스와는 다른 양상을 보인다. 기 드보르에 따르면 군사
독재 정권의 집결된 스펙터클에서 생겨난 권력은 가시적으로
식별할 수 있도록 만들어진다.[46] 이때 권력은 하나의 얼굴과
이름을 갖는다.

드보르는 집결된 권력보다 후기 자본주의의 분산된 스펙터클이
훨씬 더 파악하고 식별하기가 어렵다고 말한다.[47] 이때 권력은
아무 곳에나 상주한다. 상품에, 사회적 연결망에, 각각의 행동에,
자본주의가 우리에게 매일같이 성공이라는 환상의 세계를
상상하도록 만드는 욕망에 권력이 존재한다.

통합된 스펙터클은 유명 인사와 기업에 집중된 권력과 분산된
스펙터클의 효과를 하나로 통합한다. 이럴 때에는 누가 무엇에
책임을 지게 되는 것일까?

군사 행진, 아르헨티나, 1976년.
사진: 기예르모 로이아코노

메르세데스 벤츠 광고가 말하길 퍼포먼스는 "무언가를 잘하는 것이 아니다. (...) 모든 것을 잘하는 것이다." 이때 자동차는 '하는' 역할을 맡는다.

우리는 성공에 대한 각종 본보기와 가르침이 넘쳐나는 세상 속에 살고 있다. 마치 퍼포먼스 입문서나 다름없다. 사람들의 이목을 끌고, 승리를 거두고, 유혹하고, 명령하는... 이상화된 우리의 몸을 위하여 세상 모든 것이 상징적으로 확장된 것만 같다. 몸(물론 이제는 너무 지루한 것이 된 여성과 남성의 벗은 몸)은 우리에게 온갖 것을 다 팔기 위해 활용된다. 동시에 이 몸은 우리의 몸과는 꽤 거리가 있는 몸과 환상을 사도록 권유한다. 아우디 광고가 보여주듯 기계의 몸 또한 흥분을 주기 위해 디자인된, 성애화된 새로운 인간의 몸이나 다름없다.[48] 아름다움과 인간 능력에 대한 이상은 사이보그를 만들어 내었다. 생체 공학은 오늘날 엄청난 유행을 타고 있다.

새로운 코기토: 나는 문자한다, 고로 나는 존재한다(I text therefore IM)
사진: 다이애나 테일러

　　이러한 스펙터클 사회를 통해 보건대 몸은 당신이 획득하여
단련한 후 완벽하게 만들고, 디자인하고, 전시해서 영구적으로
보존할 수 있는 하나의 물건이나 다름없다. 인간의 몸은
실현되어야 할 프로젝트로 전환되었다. 또 새로운 디지털 기술을
접목한 재현의 시스템 속에서 또 다른 퍼포먼스로 기능한다.
상호주체성은 오직 기술을 통해서만 가능하다.

　　새로운 코기토를 제안한다. 나는 문자한다, 고로 나는 존재한다.

코기토:
"나는 생각한다. 고로 나는
존재한다(cogito ergo sum)."
라는 유명한 말이 있어요.
근대 철학의 시작으로
일컬어지는 프랑스의
철학자 르네
데카르트의 방법서설에 등장하는 문장이랍니다.
모든 것을 의심하는 와중에도 생각하는 나의
존재는 의심할 수 없다는 논증의 결론으로 근대적
인식 주체의 탄생을 상징하고 있습니다.

크리티컬 아트 앙상블의 구성원과 리카르도 도밍게즈는
개개인의 자기 인지 능력을 높이 사면서도 아직 우리 안에는
여전히 불안이 들끓고 있음을 느낀다고 말한다.

"이 불안은 고정된 속성이 없고 고정된
위치가 없어서 생긴 호기심보다는, 권력이
이 재창조를 다른 곳으로 내몬다는
두려움으로부터 기인한다. 사람들은 자신을
하나의 개인으로 만드는 힘보다 더 적대적인
외부의 힘이 존재한다고 느낀다. 이 문제는
기술과 문화라는 맥락과 맞닿아 생각했을
때 더 복잡해진다. 사람들은 일상의 삶과는
거리가 먼 가상 극장에 거주한다. 이
극장은 그들에게 어마어마한 영향을 준다.
개인으로부터 분리된 자아와 몸의 추상화된
재현은 많은 장소에서 동시다발적으로
등장하여 타인과 관계 맺으며 재결합한다.
이는 개인이 통제할 수 있는 범위를 넘어서고
또 많은 경우 타인을 해하기도 한다."[49]

크리티컬 아트 앙상블:
1987년 미국 플로리다에서 다양한
분야의 전문가 여섯 명이
설립한 예술 집단입니다.
현재는 다섯 명의 구성원이 활동하고
있습니다. 권위적인 문화에 대항하는
메시지를 던지고자 사진, 영상, 책,
퍼포먼스 등 다양한
예술 매체를
활용합니다. 이들은
예술과 정치,
기술의 경계를
가로지르며 폭넓은
연구와 활동, 실험을 펼치고
있는데요. 특히 에이즈 정책, 매춘,
노동자 권익, 유전공학의 위험성, 환경
위기 등의 문제를 시사하며 미국과 유럽
등지에서 퍼포먼스를 선보입니다.

폴 베아트리스 프레시아도는 "우리가 목격하고 있는 자본주의 내 변화는 생명체의 젠더, 성, 섹슈얼리티, 성적 정체성, 쾌락이 정치적 관리 대상으로 전환되고 (...) 이 관리가 후기 기술 자본주의, 글로벌 미디어, 생명 기술의 새로운 역학 관계 속에서 진행된다는 것으로 특징지어진다."[50]고 말했다.

이와 동시에 새 기술은 기준에서 벗어난 주체를 개발할 수 있는 새로운 선택지를 우리에게 쥐여준다. 스텔락같은 퍼포먼스 작가들은 자기 몸에 스스로 무언가를 삽입하는 과격한 실험을 감행한다. 스텔락은 성형 수술로 귀를 떼어 몸에 붙이고 또 전기 케이블로 만들어진 팔도 하나 달았다. 그는 또 다른 기술을 활용해 몸의 장기들을 밖으로 꺼내 드러내기도 했다.

스텔락은 다음과 같이 말한다.

"몸은 증식되고 침범당한다. 이제 몸은
원거리에 있는 대리인이나 테크놀로지를
위한 호스트 역할 또한 맡게 되었다.
인터넷이 폭넓게 상호적으로 정보와
이미지를 전시하고, 연결하고, 검색하는
기능을 제공하는 것과 마찬가지로 이제
인터넷은 우리 몸 자체에 접근해 접속하고
업로드하는 예상치 못한 방법들 또한
허용할지도 모른다. 인터넷을 단순히 육체
이탈에 대한 (철 지난 형이상학적) 욕구를
만족시키는 수단으로 보는 대신에, 몸의
존재를 드러내고 몸에 대한 인지를 유발하는
개별적이고도 집단적인 강한 전략을
우리에게 제공한다고 바라보자. 인터넷은
신체의 소멸과 자아의 해체를 서두르지
않는다. 대신 새로운 집단적, 물리적 결합
방식을 만들어내 컴퓨터상에서 주체의
규모를 조정한다. 몸은 일관된 개성이 아닌
여러 다른 요소들과 관계 맺는 원본성을
가진다. 여기서 중요한 것은 몸의 정체성만이
아니다. 몸의 연결성 또한 마찬가지로
중요하다. 몸의 기동성과 위치가 아니라 접속,
즉 인터페이스다."

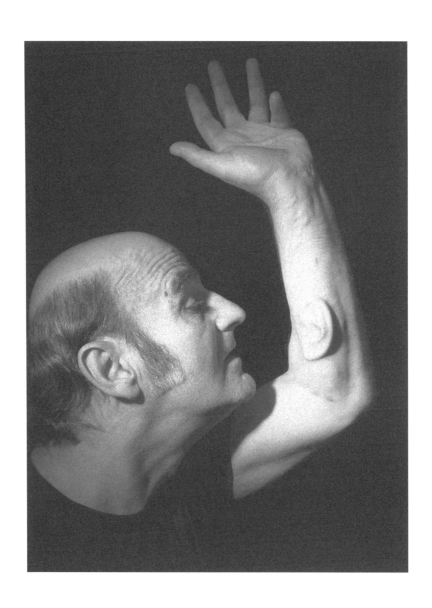

스텔락, 팔에 귀, 런던, 로스엔젤레스, 멜버른, 2006.
사진: 니나 셀라스

미차 카르데나스와 엘르 메흐만드는 디지털 기술을 활용해서
성 정체성에 관한 전통적인 범주와 개념에 도전장을 내민다.

"테크네섹슈얼이라는 작품에서 퍼포머들은
유쾌하고 에로틱한 장면을 물리적 공간에
만들고, 컴퓨터 등의 도구를 활용하여 각자의
방이나 세컨드 라이프 속에 있는 대중과
더 가까워지도록 가상 공간에 개입한다.
또한 음향을 통해 두 실제 세계를 연결하여
중첩된 공간들 사이의 경계를 탐색한다.
테크네섹슈얼은 LGBT의 제한적인 범주
이상으로 다양한 섹슈얼리티, 호모, 헤테로
섹슈얼리티에 관한 열린 토론이 오가도록
한다. 실제 세계의 혼재는 여러 젠더와 성이
중첩된 작가 자신의 경험과도 유사하다.
세컨드 라이프와 같은 가상 세계는 현실
너머의 새로운 정체성 구축을 용이하게 하여
우리가 지금껏 상상하지 못했던 방법으로
타인과 관계 맺는 것이 가능하도록 이끈다."[51]

세컨드
라이프
(www.secondlife.com):
2003년 미국
샌프란시스코에 위치한
게임회사 린든랩이 개발한
온라인 가상 현실 게임이에요.
사용자가 가상 환경 속에서 자신의
아바타를 만들고 공간을 구상해요. 거대한 가상의 시공간에 놓인 사용자는
어떤 인물도 될 수 있고 어떤 직업도 가질 수 있으며 어떤 형태의 콘텐츠도 만들 수 있답니다.
기존의 게임들과는 달리 정해진 시나리오를 따르지 않는다는 것이 세컨드 라이프를 흥미롭게
만들었어요. 심지어 게임 속 경제 활동을 통해 번 돈(린든 달러)은 실제 미국 달러로 환전이
가능하기 때문에 현실과의 경계를 모호하게 만들죠.

기술을 통한 변신은 우리에게 표현의
새로운 장벽과 새로운 기회 모두를
제공한다.

미차 카르데나스와 엘르 메흐만드, 테크네섹슈얼,
LACE(Los Angeles Contemporary Exhibitions), 2000.
사진: 작가 제공

우리는 동시에 여러 시간 상태와 여러 퍼포먼스 공간 안에 살고 있다.

변하는 것은 몸뿐만이 아니다. 공간에 대한 우리의 감각 또한 바뀐다. 디지털은 인체의 확장 버전이다. 우리는 '실제' 세계와 '가상' 세계 속에 동시에 살고 있다. 비단 인터넷의 영향만은 아니다. 아메리카 대륙에서 가장 소외된 지역 사회의 구성원은 해외에 있는 지인과 소통하기 위한 도구인 핸드폰을 갖고 있다. 문서화되지 않은 채 국경을 넘은 이들은 '땅을 넘어' 생일 축하 비디오를 보내고 파티를 열어 중요한 소식을 공유한다. 그들은 동시에 여러 시공간을 넘나들며 살아간다.

우리는 전자의 몸이나 '데이터'의 몸, 혹은 이 두 몸 모두를 갖고 있다. 정부에서 일하는 사람들은 컴퓨터를 활용하여 우리의 이주 정보, 혼인 상태, 건강 기록, 은행 기록 등 많은 정보에 손쉽게 접근할 수 있다. 우리가 컴퓨터를 가지고 있는지 그렇지 않은지는 중요하지 않다. 전자의 몸은 살과 뼈를 가진 신체보다 더 강력하다. 우리는 의료 보험, 여행할 권리 등 많은 상황에서 디지털 기록을 근거로 거절당할 수 있다. 크리티컬 아트 앙상블의 작품을 한번 찾아 보아라.

우리는 이 혼성 세계에 활발히 참여하고 있다. 우리 중 대다수는 비밀번호가 딸린 은행 계좌를 갖고 있으며 페이스북에서 친구를 찾고 유튜브를 보면서 노래와 춤을 배운다. 우리는 참여를 강요당하는 동시에 자발적인 의지로 참여하기도 한다. 만약 누군가 20년 전의 나에게 내가 어디에 있는지를 항상 정확히 찾아내는 장치가 몸에 꼭 붙어 있다고 말해줬더라면 어땠을까? 심지어 이 장치가 켜져 있지 않은 때도 내 메시지를 읽을 수 있다고 한다면? 빅브라더와 디스토피아를 언급하면서 "내 눈에 흙이 들어가기 전까지는 안돼!"라며 격하게 반응했을 것이다. 그러나 나는 이제 핸드폰 없이는 살 수 없다.

투보이스티비의 스티븐 로손, 공포기호증
콜롬비아 보고타에서의 헤미 모임, 2009.
사진: 훌리오 판토하

디지털은 우리에게 '실제'를 구분하고 한계를 규정하도록 강요한다. 오늘날 우리는 '실제'와 '가상', 우리의 삶과 '제 2의 삶'(세컨드 라이프), 우주와 디지털 세상 사이의 공간을 구분해야만 한다. '신체'는 전자로 구성된 매우 강력한 데이터의 몸과 결코 똑같지 않다. '실제 시간'은 현재와 같지 않다. '삶'은 '살아있는 것'과 같지 않다. 온라인 커뮤니티는 한 무리의 실제 사람들과 같지 않다.

덕 앤 커버:
엎드리고(duck) 몸을 덮어라(cover).
냉전 시대 핵폭발에 대비하여 미국 학교에서
학생들에게 책상 밑에 들어가 웅크려 있으라고
가르쳤던 동작입니다. 1952년에 거북이
캐릭터가 나오는 캠페인 영상물이 제작되어
각 학교에 배포되었어요.

우리의 몸과 자아 감각이 변할 때, 체현된 지식으로 간주되던 많은 것들도 함께 바뀐다.

50년 전의 드보르가 보았듯이 우리는 후기 자본주의의 스펙터클 사회 속에서 살고 있다. "스펙터클은 사회 그 자체이자 사회의 일부이며 사회를 통합하기 위한 장치이다."[52]

9/11 사태 이후 미국의 스펙터클 사회에는 테러에 대한 온갖 논의와 이미지로 가득했다. 우리는 테러를 매일 온몸으로 감지한다. 한 곳에서 다른 곳으로 옮길 때마다 우리는 재난을 준비하고 기억한다. 마치 덕 앤 커버처럼, 공공 안전의 측면에서는 의례적인 행위가 전혀 쓸모가 없더라도 말이다. 공항에서 우리는 겹겹의 외투와 신발을 벗고 물병을 쓰레기통에 버리도록 강요받는다. 우리는 스캔당하고, 관찰당하고, 만짐당한다. 가끔은 이 과정이 반복된다. 우리는 매일같이 테러를 당하면서 이를 우리의 일부로 받아들인다. 나는 매일 내 사무실에 들어갈 때마다 신분증을 건물 보안 요원에게 보여줘야만 한다. 그는 결코 내 신분증을 보지 않는다. 대신 내가 행하는 복종의 퍼포먼스, 즉 독단적이고 불합리한 명령에 기꺼이 따르는 내 자발적 의지는 아마도 내가 건물 안으로 입장할 가능성이 크다는 것을 입증할 것이다. 국토안전부의 표지판에 쓰인 문구, "만약 당신이 무언가를 발견한다면, 뭐라도 말하라."는 우리 또한 광범위한 감시의 시스템에 동조하고 있음을 경고한다. 이 표지판은 우리가 바짝 경계하여 적을 찾도록 유도한다. 이러한 시나리오는 무슬림이나 미등록 체류 노동자들의 경우에 더 적확히 들어맞는다. 이 사람들은 자신이 먹잇감이 되리라는 것을 이미 알고 있다. 중립의 장소는 존재하지 않는다. 전쟁이 아닌 것이 없다. 두려움의 정치는 의지가 있는 자와 그렇지 않은 자, 모두를 지배한다.[53]

뉴욕시의 지하철 캠페인 "만약 당신이 무언가를 발견한다면, 뭐라도 말하라."
사진: 아비가일 레빈

테러와의 가상 전쟁은 '적의 얼굴'이라는 몸체를 요구한다.
그리고 이를 생산해낸다. 나는 이 세상 모든 나쁜 남자들의
얼굴이 그려진 카드 한 질을 갖고 있다.

아부 그라이브의 사진이 공개된 이후 미국의 상점들은 이
사진을 패러디한 각종 섹스 토이와 S&M 기구, 할로윈 의상을
판매하기 시작했다. 사진 속 패션모델들은 세련된 브랜드의
바지를 광고하기 위해 마치 고문을 당하는 듯한 자세로 매달려
있었다. 패션 잡지에 실린 사진들은 유린당한 모델을 진열해
보여주었다. 이러한 이미지들은 여러 경로를 통해 빠르게
확산했고 정치 폭력이 에로티시즘, 동의, 소비, 놀이 등과
밀접히 얽혀 있음을 드러냈다. 실제로 발생했던 범죄의 내막은
마법처럼 사라진 채였다.

우리는 '돈세탁'이 의미하는 바를
알고 있다. 우리는 이제 '이미지
세탁'이라는 문제에 직면해 있다.

이미지는 모든 정치적 힘을 잃을
때까지 순환을 거듭한다.

이미지는 모든 정치적 힘을 잃을
때까지 순환을 거듭한다.

이미지는 모든 정치적 힘을 잃을
때까지 순환을 거듭한다.

이미지는 모든 정치적 힘을 잃을
때까지 순환을 거듭한다.

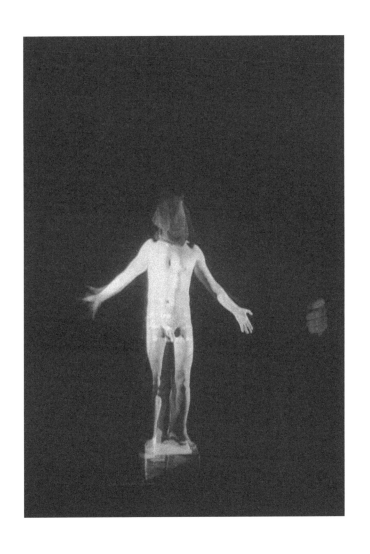

투보이스티비의 스티븐 로손, 공포기호증
콜롬비아 보고타에서의 헤미 모임, 2009.
사진: 마를렌-라미레즈 칸시오

포크스크류 그래픽스의 iRaq 포스터, LA, 2004.

기 드보르의 스펙터클과는 달리
퍼포먼스는 다차원적이다.

퍼포먼스는 논쟁이라는 행위의
가능성을 열어준다.

우리는 기존과 다르게 다시 맥락화하고, 다시 서명하고, 다시
행동하고, 도전하고, 모방하고, 수행하고 또 수행할 수 있다.
이것은 미학적 행위이자 정치적 개입으로서의 퍼포먼스가
우리에게 주는 약속이나 다름없다.

인간의 몸은 단순히 새로운 스펙터클 현상 속에서 발아한
주체를 구현하는 데에만 그치지 않는다. 위태로운 긴장감
또한 함께 유발한다. 퍼포먼스 그룹 투보이스티비는 인체의
여러 조건 중 연약함과 취약성을 증명하듯 보여준다. 조르주
아감벤은 호모 사케르와 무존재 인간이라는 개념을 통해
고통을 겪고 죽는 몸과 보이지 않는 몸, 정치, 종교, 경제의 권력
사이에서 영역을 다투는 몸에 관해 설명한다.

투보이스티비와 같은 예술가들은 우리 앞의 가림막을 제거해서
우리가 직접 현실에 맞서기를 요구한다.

공공장소에 유포된 저항적인 퍼포먼스나 이미지는
누군가에게는 드러나지 않기를 바랄 법한 폭력을 온 세상이
보도록 만든다.

행위, 몸, 이미지, 시나리오, 서사를 통제하기 위한 전투는
계속된다.

5

퍼포머티브와 퍼포머티비티

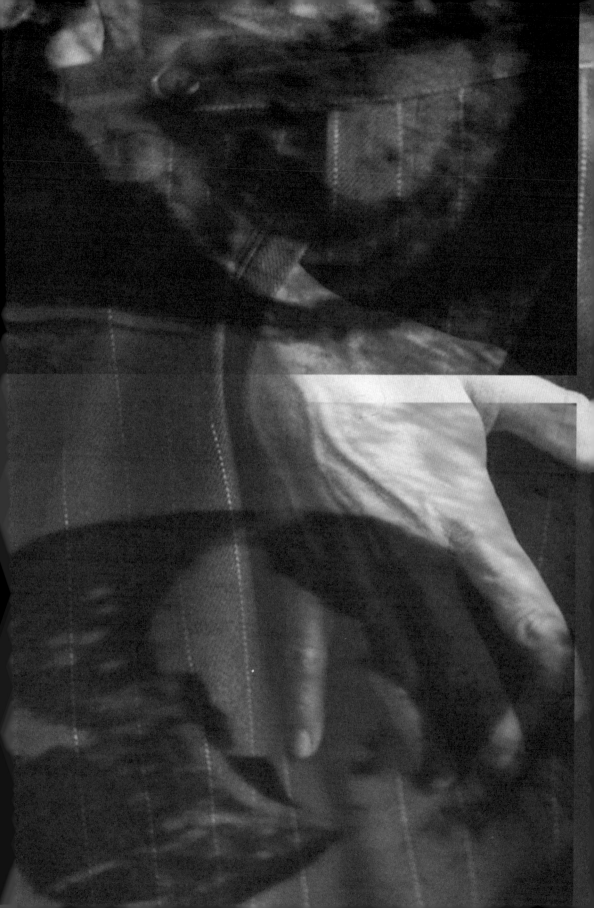

앞서 살펴보았듯이 몸은 몸을 둘러싼 모든 문제와 더불어
퍼포먼스에서 특권을 행사한다. 하지만 언어 또한 중요한
역할을 한다. 연인은 부부가 되기 위하여 결혼식에서 "네,
맹세합니다.(I DO.)"라고 말하고 주례는 그들이 결혼했음을
말로 선언한다. 재판에서 배심원은 판사가 선고를 내리기
이전에 판결을 읊는다. 마법 주문과 마녀의 저주에 변화의
힘이 있다고 믿는다면, 이 또한 예시의 하나로 추가할 수 있다.
영국의 철학자 J.L. 오스틴은 언어가 곧 행위가 될 수 있음을
보여주는 경우를 퍼포머티브라고 불렀다. 특정 맥락에서
단어는 실제로 무언가를 수행한다. 오스틴의 퍼포머티브는
실제 세계에 있다. 심지어 법적인 파급력 또한 갖추고 있다.
단순히 설명하는 것을 넘어 언어는 '행위 그 자체'로 기능한다.
그러나 여기서 또한 관례가 중요하게 작용한다. 오스틴은 다음과
같이 덧붙인다. "단어가 발화되는 상황은 어떤 식으로든 항상
적절해야 할 필요가 있다. 그리고 말하는 사람 자신이나 다른
누군가는 평소와는 다른 행동을 보여주어야만 한다. '신체적'
행동이나 '정신적' 행동일 수 있고, 아니면 더 많이 말을 하는
것일 수 있다."[54]

퍼포먼스와 마찬가지로 퍼포머티브 또한 프레임에 관한 것이다.

릴리아나 펠리페와 헤수사 로드리게즈의 결혼을 살펴보자.

릴리아나와 헤수사가 정면을 보고 서 있다.

여사제: (마르셀라에게) 이제 저 둘을 밧줄로 묶습니다.

(마르셀라가 밧줄로 묶는다.)

여사제: 이제 우리는 약속을 나누도록 하겠습니다. 릴리아나 펠리페, 당신은 헤수사가 당신에게 요청할 때마다 치안도니 아이스크림을 사다 줄 것을 엄숙히 맹세합니까?

릴리아나: 네, 맹세합니다.

여사제: 헤수사 로드리게즈, 당신은 릴리아나가 당신에게 요청할 때마다 혹은 그 전에라도 수다를 좀 자제하고 슈퍼마켓에 갈 것을 엄숙히 맹세합니까?

헤수사: 네, 맹세합니다.

여사제: 서로의 욕구를 충족시키는 것에 동의하고 또 누군가를 사랑한다는 건 상대방을 행복하게 해주는 것임을 인지한다면 서로에게 키스하셔도 좋습니다. 언론의 이익을 위해서도.

(두 신부가 키스한다.)

단어 또한 마치 밧줄처럼 우리를 묶을 수 있다. 그러나 오스틴에 따르면 퍼포머티브는 관례가 지켜지는 상황 속에서만 발생한다. 예를 들어 결혼식에서 사제는 공인받은 주례로서 연인을 결혼시킬 수 있는 법적 권리를 갖고 있어야만 한다. 연인도 마찬가지로 신의를 가지고 행동해야 한다. 예를 들면 누군가와 식을 올리는 중에 몰래 손가락을 꼬거나 윙크를 하지 말아야 한다. 신부는 "네, 맹세합니다."를 진심을 다해 말해야 한다. 결혼식에 참석하는 사람들은 책임 있게 증인 역할을 수행하면서 이 절차를 적법하게 만들어야 한다. 연인의 "네, 맹세합니다."가 법적 권한을 가질 수 있도록 이러한 관례적 가치와 규칙은 유지되어야만 한다. 퍼포머티브는 실천하고 약속한다. 퍼포머티브에 해당하는 헤수사와 릴리아나의 결혼은 '진실'과 '거짓'으로 구별될 수 없다. 그들이 결혼한 건가요? 네. 이 결혼은 합법적인가요? 아니요. 적어도 그 당시에는 아니었죠.

퍼포머티브라는 단어는 매우 구체적인 의미가 있다. 단순히 퍼포먼스의 형용사가 아니다. 때문에 나는 퍼포먼스의 형용사로 퍼포머틱(performatic)이라는 새 단어를 제안한바 있다. 강연은 법적 인준 없이도 퍼포머틱(연극적)할 수 있다.

퍼포머티브에 필요한 관례가 제때 작동하지 않거나, 인지되지 못하거나, 패러디될 때 그 결과는 연극, 익살극, 퍼포먼스 아트, 반 체제적인 불복종의 행위, 조롱, 엉망진창의 상황, (캐리비안에서는 코테오, 멕시코에서는 레라호라 이르는) 농담으로 나타난다.

레라호의 현상학에서 호르헤 포티야는 '노닥거리다' 혹은 '흐름을 끊는 돌출 행동'으로 번역되는 레라호를 "사물이 아닌 태도이며 일종의 집단적 조롱"으로, "반복적으로 이루어지며 때로는 화를 유발하기도 한다."고 설명한다. 포티야는 사회적으로 공인된 관례의 적법성을 무너뜨리는 레라호의 특징 세 가지를 꼽는다. "첫째, 주의를 이탈하기. 둘째, 제안된 가치와 상반되는 상태나 반연대의 상태에 자신을 위치시키기. 마지막, 말이나 몸짓 등 몸에 밴 행동으로 다른 이들의 참여를 유도하여 반대쪽과 맺어지도록 하기이다. 레라호는 부정을 위한 친밀한 행위이자 항의의 행위 또는 어떤 가치들과 마주한 반연대이자 반연대의 가치를 옹호하는 공동체이다."[55]

퍼포머티브의 관례 안에서, 우리는 회피할 수 없는 분열의 가능성과 엇나갈 수 있는 무언가를 즉각적으로 발견하게 된다.

학생 시위가 절정에 달했던 1968년, 멕시코의 공무원들은
드넓은 소칼로 광장에 모여 정부에 대한 지지를 표명하라는
임무를 전달받았다. "그러나 즉각적인 항의의 몸짓으로 그들은
단상에 등 돌린 채 거대한 양 떼처럼 소리 내며 울기 시작했다.
정부는 탱크로 무장하고서 보병들이 이들을 해산하도록
지시했다."[56] 프란시스 알리스의 영상 작업 양의 증식(1997)은
분열, 반퍼포머티브, 레라호가 일어난 바로 그 순간에 찬사를
보낸 작품이다.

오스틴에게 행복한 퍼포머티브는 특정 맥락과 공인된 규칙
안에서 목표를 달성하기 위해 작동하는 언어적 행위이다.
그러나 오스틴 이전에 레프 톨스토이가 말했듯이 '불행'해지는
것에는 여러가지 방법이 있다. '불발'은 필수적인 관례나 조건이
제때 작동하지 않아 성취되지 못하거나 완성되지 못하는
행위이다. 헤수사와 릴리아나가 처음 결혼식을 올렸을 당시
멕시코에서 동성 혼인은 합법이 아니었다. 오스틴에게 오작동은
윙크와 함께 성취되는 것이다. 미안해요. 내가 이미 결혼했다고
말하는 걸 깜빡했네요. (윙크)

오스틴의 불행의 원칙 전체를 살피지 않고도 우리는 2001년에
있었던 헤수사와 릴리아나의 퍼포머틱한 결혼식이 단연 불행한
퍼포머티브였다고 말할 수 있다. 여사제는 그들을 결혼시킬
권한이 없었다. 두 신부는 당시 멕시코 법에 따른 결혼을
할 수 없었다. 그럼에도 불구하고, 미국과 멕시코 두 정상의
일명 '카우보이 정상회담' 바로 전날이었던 발렌타인데이에
거행된 그들의 결혼식은 큰 효과를 거두었고 식장에는 기쁨이
넘쳤다. 두 신부가 웃고 있는 사진이 다음 날 주요 신문들에
실렸다. 당시 멕시코 대통령이던 빈센트 폭스를 만나기 위해
2월 15일 멕시코에 도착한 미국 대통령 조지 W. 부시의 사진과

∙∙ ∙
오스틴의
불행의
원칙:
J.L.
오스틴은
우리가
'행동하기'와
'주장하기' 위해서 언어를 사용한다고 말하며 발화 행위에 관한 이론을
발전시켰습니다. '불행의 원칙'은 우리가 밟은 말의 진위 여부와 상관없이 발화가
일어난 상황에 의해 의도치 않은 문제가 생길 수도 있음을 설명해요.

나란히 놓였다. 두 카우보이가 권력과 권위의 퍼포머티브를
행사하던 바로 그때 두 여성은 동성애를 차별하는 결혼의
조건과 언어를 모방하고 뒤틀었다. 두 대통령이 소환한 '미국'은
무척이나 강력한 퍼포머티브였다.[57] 완벽한 레라호. 멕시코에서
동성 결혼이 합법적으로 인정된 후에 다시 진행된 혜수사와
릴리아나의 2010년 법정 혼인은 행복한 퍼포머티브였다.

정말로 아주아주 행복한 날이었다!

자크 데리다는 서명, 사건, 맥락에서 퍼포머티브의 힘에 대해
논한다. 그는 평화와 정의를 논하는 힘이나 배심원, 판사 등
개별 행위자가 아니라 관례 그 자체에 퍼포머티브의 힘이
놓여있다고 말한다. "만약 코드화된, 즉 반복 가능한 발화를
되풀이하지 않았다면 퍼포머티브가 과연 성공을 거둘 수
있었을까?"[58] 퍼포먼스와 마찬가지로 퍼포머티브는 "결코
처음을 위한 것이 아니다." 데리다에 따르면 퍼포머티브는
언제나 무언가를 "인용"하는 행위이다.

1968년
메시코 학생 시위:
1968년 10월 2일, 멕시코의 수도 멕시코시티의
틀라텔롤코 광장에서는 1만 명가량의 학생이 정부의
정책에 반대하는 평화시위를 열었습니다.
"우리는 올림픽을 원하지 않는다,
역명을 원한다!"는 구호를
내세우며 정부가 1968년 하계
올림픽을 개최하기 위하여 1억 5천만
달러를 지출한 것에 항의하면서
메시코 정부에 맞섰어요. 하지만
5천 명 이상의 군인과 경찰이
총을 발포해 광장에 모인 4백여 명
가량의 시위자가 살해당했고 2천
5백여 명이 다치고 말았습니다.

딸이다!

주디스 버틀러에 따르면, 퍼포머티비티는 "고유한 '행위'보다는
반복과 인용의 실천으로 이해해야 한다. 이 실천으로 담론은
효과를 만들어낸다." 버틀러에게 성 정체성은 옷을 바꿔 입듯
다른 것을 시도해보는 그런 연극적 상연이나 퍼포먼스가
아니다. 오스틴의 퍼포머티브, 즉 "주체가 이름을 통해
존재하게끔 하는 것"[59] 또한 아니다. 그보다는 규범화된
일련의 행동을 통해 남녀로 구분된 주체를 생산하는 통제
시스템 전반과 이에 대한 응답의 가능성 모두를 의미한다.
"퍼포머티비티는 어떤 행동으로부터 영향을 받는 과정, 행동하기
위한 조건과 가능성 모두를 포함한다. 우리는 이 조건들 없이는
퍼포머티비티의 작동 방식을 이해하지 못한다."[60]

우리가 막 태어난 아기를 보고 "딸이다!" 라고 외칠 때, 그
아기는 타인이 '그녀'를 어떻게 볼지, 그녀가 어떻게 행동하고
어떤 정체성을 형성하는 것이 적절하다고 여겨질지, 어떠한
조건이나 구분으로 인해 '배제'될지 혹은 '비천한 것'으로
'부정'될지 등을 구성하는 담론적 관행에 놓인 상태로 태어난다.
이러한 시스템은 심지어 아기가 태어나고 있는 바로 그
순간에도 '그녀'를 습격하며 '그녀'에게 압박을 가한다.

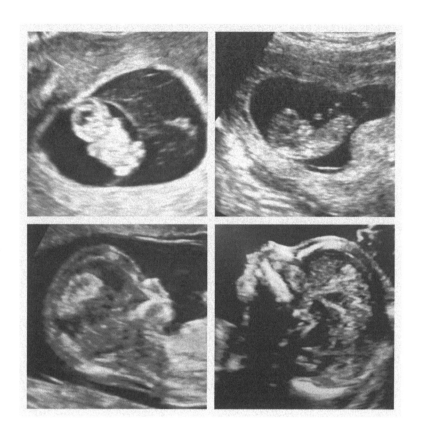

초음파 사진 속 마를렌 라미레즈-칸시오와 조나단 밀더의 여자 아기.

물론 사람들은 이처럼 규범에 갇힌 행동에 이의를 제기한다.
그들의 몸은 분노한다. 다양한 형태의 몸이 서로 우위를
차지하기 위해 다툰다. 스플릿 브릿치스의 일원인 페기 쇼는
1998년 폐경기의 신사라는 퍼포먼스를 선보인 적이 있다.

정장을 입고 넥타이를 꽉 조여 맨 쇼가 말한다.

폐경기 신사로 사는 건 참 힘든 일이야.
폐경기는 모두 지어낸 것에 불과하거든.
(...)
내가 신사라는 단어를 좋아하는 이유는 고상하고,
섬세하며 일관되기 때문이지.
내가 느끼는 나 자신과는 정 반대야.
내면의 나는 변덕스러워. 그래서 나는 일관되려고 노력해.
외면상으로는.
그래서 내가 완벽히 정상으로 보이도록.
땀과 뒤섞여서.[61]

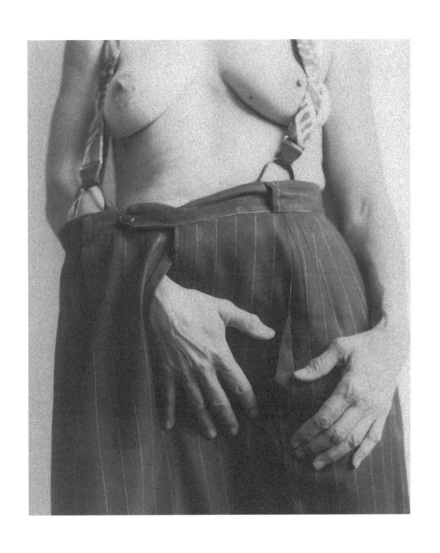

페기 쇼, 폐경기의 신사, 1997.
사진: 에바 와이스

혼란을 주는 행위와 레라호, 정치적 논쟁은 권위를 앞세운
퍼포머티브에 대항하는 기술이다. 나는 여기서 영감을 받아
애니머티브라고 부르기로 한 어떤 개념을 만들어 생각을
발전시켜 나갔다. 퍼포머티브와 애니머티브는 항상 함께
작동한다. 오스틴이 분명히 했듯이 퍼포머티브는 '적절한'
상황과 행동의 반경 안에서만 기능한다. 이러한 관례는
꼭 지켜져야만 한다. 분열을 일으키는 부적절한 세력이
끊임없이 이 프레임에 압박을 가한다. 내가 고안한 바에
따르면 애니머티브는 퍼포머티브 발화에 대한 '부적절한'
대응이다. 정식화된 담론에 도전하거나 그것을 넘어서기도
한다. 애니머티브는 '애니메이션'처럼 움직임의 일부이다.
'아니마(anima)' 혹은 '삶'에서처럼 정체성, 존재, 영혼의
부분이다. 이 용어는 (숨을 불어 넣는) 삶의 근원적 움직임을
담고 있다. 또는 몸에 밴 실천을 작동시키는 움직임을
뜻하기도 한다. 정동의 관점에서 접근했을 때에는 생기 있고
열심히 한다는 의미의 '활기를 갖게 된(animated)'이란 뜻도
포함한다. 정서적으로는 '감동'을 받는다는 의미도 있다.
'화이팅'이라는 뜻의 스페인어 '아니모(Ánimo)'는 라틴어
아니마투스(animatus)에서 유래하였으며 용기, 결단, 인내를
특히 강조한다. 격려를 주고 받는 것도 포함한다. 애니머티브는
이처럼 정치적 삶의 핵심이나 마찬가지다. 마누엘 카스텔스가
우리에게 말하길, "감정은 집단행동을 가능케 하는 동인이다."[62]

예술가와 행동가의 실천은 종종 퍼포머티브에 균열을 만들어
낸다. 칠레의 급진적이고 멋진 두 게이 퍼포머 프란시스코
카사스와 페드로 레메벨이 그룹을 이룬 '아포칼립스의 두
암컷 당나귀'는 한때 문학과 미술을 하는 이들에게 두려움의
대상이었다. 스캔들을 즐기는 이 그룹이 자칭 교양 있다는
행사를 망치고 다녔기 때문이다. "1989년 파트라시오 알윈이
선거 직전에 지식인 모임을 만들었다. '아포칼립스의 두 암컷
당나귀'는 거기에 초대받지 않았음에도 불구하고 참석을
강행했다. 하이힐에 깃털 옷을 입은 채 무대에 등장했고 '변화를
위한 호모섹슈얼'이라고 크게 쓰인 배너를 내걸었다. 무대에서
내려오기 전, 프란시스코 카사스는 당시 상원 의원 후보였던
리카르도 라고스에게 달려들어 마구 키스를 퍼부었다."[63]

퍼포머티브의 효과는 함께 참여한 사람들의 인정과 동의에서
비롯한다. 이때 행위를 당한 자, 즉 수신인은 항상 특정
입장을 취한다. 동의나 합의일 수도 있고 탈동일시나 극단적
거부일지도 모른다. 윌가 점령 동안 뉴욕 주코티 공원에
거주하던 수천 명의 사람은 거대한 경찰 인력의 엄호하에
등장한 블룸버그 당시 뉴욕시장의 포고령과 법령, 공식 발언을
모두 거부하였다. 나는 좋고 나쁨, 엘리트주의자와 포퓰리스트,
진짜와 가짜의 정치를 칼로 자르듯 구분하여 이해하기 위한
목적으로 퍼포머티브와 애니머티브라는 용어를 사용하고자
하는 것이 아니다. 대신 애니머티브의 힘을 인지한다면 기존의
정치적 위계와 구조, 인준된 담론이 세상 안팎에서 발생하는
분열로 인해 얼마만큼 뒤집히게 되는지를 설명하는 데 이
용어가 어느 정도 도움이 된다는 것을 말하고자 한다.

220

월가 점령 시위:
2011년 미국 뉴욕에서
발생한 대규모 시위입니다. 2008년 촉발된
금융위기 이후 경제 위축과 빈부 격차가 심화되고
금융기관의 부도덕함에 분노한 시민들이 뉴욕 주코티
공원에 모여 미국 경제의 심장이나 다름없는 월가를 점령하자고
외치기 시작하였습니다. 그들은 대다수 사람의 고통을 외면한 채
탐욕만 채우던 기업과 은행, 또 해결책을 제시하지 못하는 정치권에 대한
분노를 표출하였답니다. 이 시위는 같은 시기 일어난 '아랍의 봄' 민주화
운동에서 영향을 받아 소셜 미디어를 중심으로 그 열기를 전파하였고 덕분에 미국
전역으로 또 세계적으로 퍼져나가기도 했습니다. 한편 시위 참여자들이 외친 "우리는
99%이다(We are the 99%)"라는 구호는 극심한 빈부격차에 대한 반발을 드러내고
있어요. 세계 1%의 부자들이 나머지 99% 사람들의 노동이라는 희생과 부당한 방법으로
재산을 축적하고 불려왔음을 강조하며 사회 전반에 만연한 불공정한 체제의 변화를
촉구하였지요.

탈동일시:
퍼포먼스 연구학자
호세 무뇨즈가 사회
소수자의 정체성을 설명하기
위해 내세운 개념입니다.
사회 (특히 미국) 내에서
'백인-중산층-이성애자-남성'
같은 규범적 주체에 해당하지
않는 사람들이 과거 식민주의로
인한 트라우마나 사회 구조에
내재한 폭력과 협상하는 과정을
일컫습니다. 무뇨즈는 규범적
주체와 자신을 동일시 혹은
거부하는 대신, 탈동일시라는
생존 전략을 택함으로써
스스로 주류 속 문화적
존재로 거듭남으로써
함께 퀴어의 미래를
상상하자고
제안합니다.

몸은 언어학적인 인식 체계만으로는 적절히 이해할 수 없는 방식으로 직접적인 주장을 펼친다. 정치에서의 몸은 증폭된 몸이다. 몸에 활기를 불어넣는 사명, 감정, 열망 등에 의해 확장된다. 월가 점령과 유사한 형태의 시위에 참여한 사람들은 그들 자신을 역사적 움직임의 체현으로 받아들인다. 물리적으로 몸을 부딪쳐가며 거리를 행군하는 사람들은 정의를 위한 공동의 투쟁에 함께한다고 느낀다. 이 붐비는 공간 안에서 사람들은 서로 소통하고 의지하도록 강요받는다. 주디스 버틀러는 "타인과 함께 움직이고 집결하지 않는다면 그 누구도 자유롭게 움직이고 집결하자는 주장을 하지 않는다."고 말한다. 몸은 또한 직접 정치를 수행하고 전파한다. 마이크 체크를 떠올려 보라. 신체로 인해 우리는 네트워크화되었다. 우리를 둘러싼 주변의 모든 환경에 연결되고 또 확장되었다. 체현된 행동은 담론적 관행보다 더 억제하기가 어렵다. 기업과 얽힌 이해관계에 의해 많은 부분을 통제당하는 언론과는 달리 몸은 그 자체로도 매개의 역할을 한다. 만약 우리가 감정을 하찮게 여긴다면 우리는 시민 불복종 운동의 핵심을 간과하고 마는 꼴이 된다. 미래에 대한 전망을 제시하고 소통을 지향하며 감정적이고 또 논쟁적인 것이 바로 이 운동의 핵심이다.

월가 점령 시위는 퍼포머티브와의 관계에서 발생하는 애니머티브의 또 다른 영향력을 살필 수 있는 사례이다. 이 시위를 비판한 몇몇 사람들은 시위자들에게 그들이 대체 무엇을 요구하고 있는지를 드러내라고 촉구하였다! 그 중 한 명이었던 슬라보예 지젝은 월가 점령 이전에 발생했던 영국에서의 시위에 참여한 사람들을 "폭력배"로, 이 시위를 "영도의 시위(zero-degree protest)"로 이름 붙이며 "아무것도 요구하지 않는 폭력적인 행위"라고 몰아세웠다.[64] 물론 후에 지젝 또한 "점령 먼저. 요구는 나중에", 즉 애니머티브 먼저,

마이크 체크:
월가 점령 시위에서 '인간
마이크'라는 방법이 대중 연설의
한 도구로 쓰였어요. 시위대 중
한 명이 구호를 외치면 나머지
사람들도 그 구호를 따라
외치면서 기계로 증폭되는
마이크 소리보다 더 큰 소리를
만들어 내도록 하는 것이지요.
이때 누군가가 연설을 시작하기
위해 외치는 말이 바로
'마이크 체크' 입니다. 이후
주변에 있는 사람들도 함께
'마이크 체크'를 외치면서
연설자에게 집중이
쏠리도록 유도해요.
도시 한복판에서
확성기를 사용하려면
여러 복잡한 절차나
규제에 부딪히기
때문에 이런 방법을
고안하였답니다.

퍼포머티브는 나중에 전략을 펼쳤다.[65] 텐트를 세워 도서관, 만남의 장소, 식당가, 디지털커뮤니케이션센터 등 도심 속 여러 공공장소들을 점령했던 영국의 시위자들은 당시 세계의 이목을 끌었다. 이러한 애니머티브 몸짓은 하나가 된 거대한 존재로서의 정치를 일으켰다. 월가 점령 시위 또한 마찬가지다. 그들은 하나의 목적이나 몇몇 특정 요구를 드러내는 방식으로 자신의 힘을 좁히려 하지 않았다. 하지만 여기서 다시 한번 짚고 가야 할 사항이 있다. 확장된 정치적 무대 위에서의 연극은 오직 타인이 관여할 때에만 가능하다.

체현된 행위는 구경꾼을 자극한다. 혁명과 변화는 방관자가 참여할 때 비로소 성공을 거둔다.

그러나 퍼포먼스와 관련한 다른 모든 것처럼, 애니머티브 또한 그 자체로 좋은 것도 나쁜 것도 아니다.

언어학적으로 '애니메이션'과 매우 밀접한 애니머티브는 퍼포먼스와 정치, 혹은 정치로서의 퍼포먼스를 이해하기 위한 중요한 통찰을 제공한다. 시아나 응가이는 그가 애니메이티드니스라고 일컫는 것, 즉 "외부 통제에 매우 수용적인" 만화와 애니메이션의 "계속해서 움직이는 기술"에 대해 탐구한다.[66] 그는 무생물의 몸을 "인간 화자의 목소리"가 빼앗기 때문에, 통제는 외부로부터 온다고 말한다. 애니머티브는 월가 점령 시위와 그 시위가 주창한 99%의 반엘리트주의적 실천의 약속을 떠오르게 한다. 하지만 이와 동시에 애니머티브는 덜 구조적인 상호 관계 속에서 발생하는 덜 기념비적인 행동으로 받아들여지기도 한다. 언론은 월가 점령 시위를 이끈 시위대에 대해 외부의 힘에 의해 조작된 특정 인종의 폭도라고 프레이밍 했다.

애니머티브는 모순되고 곤란한 행위, 경험, 관계가 몸에
구현되는 것을 의미한다. 때로는 떠들썩하고 때로는
폭력적이다. 잭 할버스탐이 "야생"이라고 말한 잠재적인 혼란과
무정부주의적이고 혁명적인 영역 속에서 "사물의 질서를
방해하고 새로운 삶을 만들어" 낸다.[67] 물론 그 반대이거나.

다른 참여자들과 함께 마르코스 불헤스의 두 번째 피부 워크숍에 임하고 있는 아리엘
"스피드웨건" 페데로우. 이때 루카스 오라도브스치는 연극 집단 오페라코에스가 주최한
공공의 저녁에 참여하였다.
브라질 상파울루에서의 헤미 모임, 2013.
사진: 훌리오 판토하

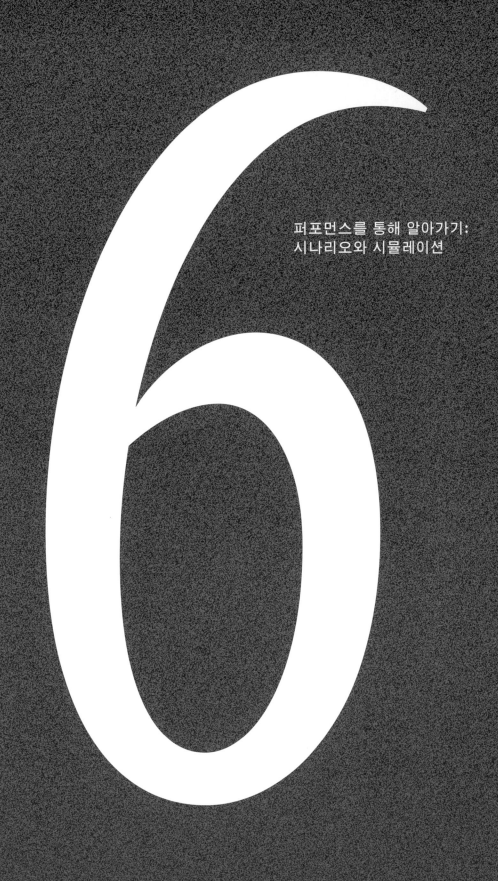

6

퍼포먼스를 통해 알아가기:
시나리오와 시뮬레이션

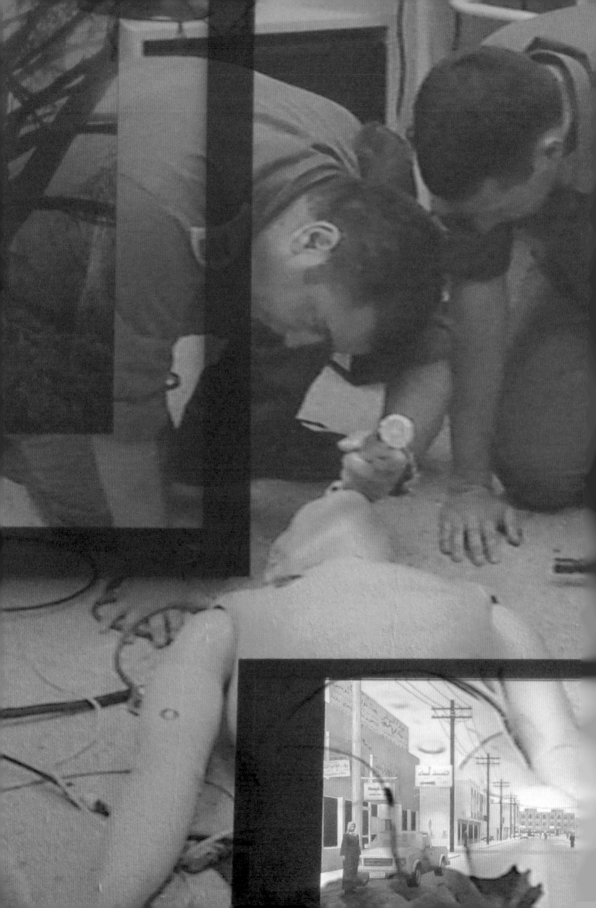

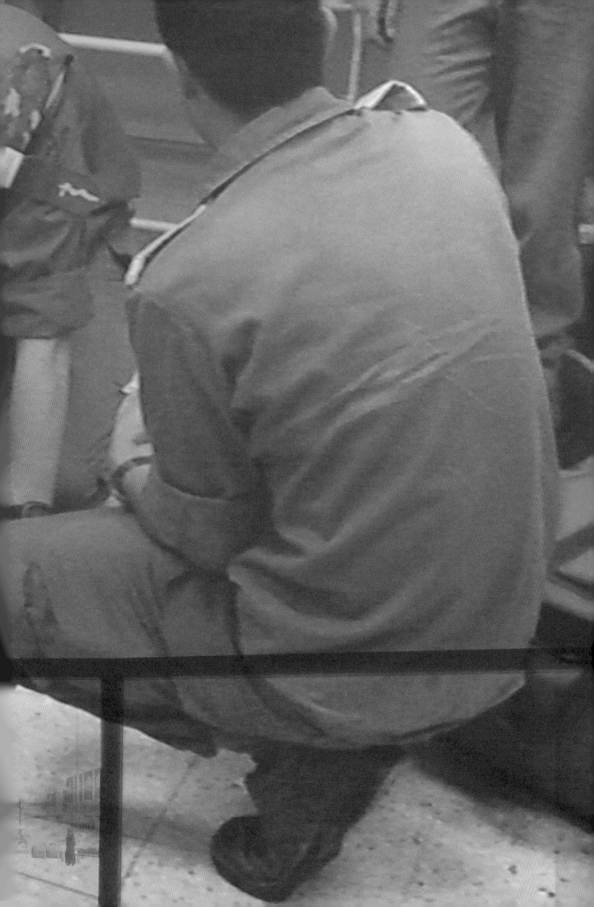

몰락의 목격자, 콜롬비아의 마파극장
아르헨티나 부에노스 아이레스에서의 헤미 모임, 2007.
사진: 훌리오 판토하

퍼포먼스는 예술 형식, 행동가의 개입, 사업 운영 시스템, 군사
훈련만을 의미하지 않는다. 퍼포먼스는 세상의 모든 것을
이해하기 위한 렌즈와 프레임을 제공한다.

우리는 퍼포먼스의 근본적인 속성인 '마치 ~인 것처럼'과 '만약
~한다면'을 이해해야 한다. 이는 참여자와 방문객의 경험적
참여를 요구하는 군사 훈련 프로그램, 정치적 행동, 시위,
퍼포먼스 아트, 테마파크, 미술관, 기념관과 같은 공간에서
주요하게 작동한다.

존 맥켄지는 퍼포먼스가 21세기를 설명하는 새 키워드 중
하나로 자리 잡았다고 보았다. 그는 "18세기와 19세기에는
규율이 권력과 지식의 역사적 형성을 만들어냈다면, 20세기와
21세기에는 퍼포먼스가 그 역할을 할 것이다."[68] 라고
예견하였다.

맥켄지에 따르면 조직적인 퍼포먼스, 문화적인 퍼포먼스,
기술적인 퍼포먼스가 한데 합쳐질 때 비로소 "하나의 거대한
퍼포먼스의 장소가 형성"된다. 이 장소는 "노동 활동과 여가
활동뿐만 아니라 산업적, 전자적으로 생산된 기술에 의한 행동
모두를 잠재적으로 포함한다."[69]

과거를 다시 활성화시켜 미래를 예행하고 새로운 '실제'를
만들어내는 퍼포먼스 실천의 몇몇 방법을 시나리오와
시뮬레이션을 통해 살펴볼 수 있다.

시나리오는 시뮬레이션의 작동을 위해 필요한 설정과
플롯을 만든다.

I. 시나리오

시나리오는 플롯의 틀, 개요, 일어날 일에 대한 설명이다.
마치 ~인 것처럼과 만약 ~한다면에 의해 결정된다. 재연이나
시뮬레이션과 마찬가지로 시나리오는 매우 오랜 시간 인간과
함께해 왔다. 아리스토텔레스에 따르면 고대 그리스 연극은
섬뜩한 장면들을 무대 위에 올렸는데 이때 관객은 "무척 괴로워
하면서도 그 장면이 세심하고 충실하게 재연된 것이었기에
이를 즐겁게 감상했다."[70] 오늘날 우리는 이를 '완전 몰입
시나리오'라고 부른다. 고대 아즈텍 인들은 신과 소통하기
위하여 꼭 거쳐야 했던 대체 현실 세계로 들어가고자 잠자기와
먹기, 섹스를 몇 날 며칠 동안 자제하기도 하였다. 그러나 잘
알다시피 기술은 우리가 지금을 경험하고 상연하는 방식을
바꾸어 놓았다.

가상의 이라크. 웨일 코넬 의과대학교의 불안, 트라우마, 스트레스 연구 프로그램의
디렉터이자 VR 치료사인 조안 디피드.
사진: 다이애나 테일러

'시나리오'는 극장과 연극학에서 주로 사용하는 용어였다. 코메디아 델 아르테의 연기자들은 "나가는 곳과 들어오는 곳이 표시된 동선 정보나 개요와 플롯을 설명하는 동작을 적어 무대 뒤편 벽에 붙인"[71] 시나리오를 따랐다. 배우는 이 짜인 구조 속에서 관객이 예측할 수 있는 범위 안의 연기를 보여주었다. 과연 저 소년이 소녀와 결혼을 할까? 늙고 욕심 많은 남자인 판탈레온이 끼어드는 건 아닐까? 배우들은 통상적인 플롯을 각색한 즉흥 연기를 통해 약간의 차이를 만들고 예상 외의 것들을 시도해볼 수 있었다. 동시대 연극은 손쉽게 각색되고 배우들 또한 기꺼이 관객의 반응에 순응한다. 배우들은 대안적인 가능성과 결과를 제안하며 시나리오의 한계를 시험해보기도 했다. 하지만 결국 연극이 끝날 무렵에는 관습적인 결말과 기존의 세계관으로 돌아가고 말았다. 소년은 또 다른 소년이나 늙은 남자가 아니라 소녀와 결혼할 것이다. 배우들은 오로지 익살스러운 즉흥극, 역할 놀이, 성대모사, 혐오적 동일시를 통해서만 이 지배적인 관습을 뛰어넘을 수 있었다.

코메디아 델 아르테:
기술(아르떼)을 가진 사람들이
연기하는 희극(코메디아)이라는
뜻이에요. 16~18세기
이탈리아에서 유행하기
시작했고 주로 야외에서
무료로 진행되었답니다.
관객석과 분리된
무대 위에서 연기를
직업으로 삼는 10여 명의 인물이
상대 연기자의 연기와 행동에 반응하며 진행되는
즉흥극의 일종입니다.

시나리오의 사용은 이 용어가 생겨났던 16세기보다 훨씬 더 이전으로 거슬러 올라간다.

유연하고 휴대가 간편하면서도 생각하고 행동하기 위한 틀을 제공해주는 시나리오는 다양한 행위를 모델화하는 데 특히 유용하다. 조종사는 모의 조종석에 앉아 비행기 조종법을 배운다. 사람들은 소방 훈련을 통해 건물을 질서 있게 빠져나가는 법을 배운다. 학생들은 외국어 강사로부터 해외의 한 레스토랑에서 음식을 주문하거나 찾기 힘든 곳에 있는 화장실에 가는 법을 배운다. 군인들은 군대에서 재연과 시뮬레이션을 통해 전투에 대비할 수 있는 법을 배운다.

우후죽순처럼 생겨난 온갖 종류의 테마파크는 돈을 내고 입장한 관객에게 극도의 몰입 시뮬레이션을 제공한다. 멕시코 히달고 지방의 흐나누(Hñähñu) 원주민 공동체는 '카미나타'라고 불리는 걷기 프로그램을 진행한다. 이 혹독한 국경 넘기 시뮬레이션은 참가자들이 '미등록 이주자'가 겪는 어려움에 완전히 몰입할 수 있도록 한다.[72] 하지만 실제로 위험하지는 않다. 창업자 알폰소 마르티네즈는 "사람들의 이해를 증진할 수 있는, 일종의 관광 산업을 만들어보고 싶었다."고 말한다. 그는 폰초라는 이름으로 불리고 스키 마스크를 쓰고 다닌다. "우리는 여기 이 자리에 있는 우리 모두가 겪었던 고통스러운 경험을 일종의 게임으로 바꾸어 다른 멕시코 인들에게 알려주고 싶었다."[73] 국경 넘기 관광 사업은 실제 자행되고 있는 폭력에 대해 사람들이 더 잘 이해할 수 있게끔 시나리오와 시뮬레이션을 활용한 경우이다. 통제된 상황에서 발생하는 위험을 감수하고 돈을 내는 사람들로부터 이익을 얻는 구조이다. 이 프로그램은 참여자들에게 공감을 불러 일으키기 위해 모카신이나 운동화를 신고 걷게 만들어 '실제' 이민자들이 겪었던 당시 상황을 더 잘 이해할 수 있도록 한다.

가설에 근거한 시나리오가 실제 삶에 영향을 주고 효과가 있게 되면서 리허설과 '~하기' 사이의 간극은 갈수록 희미해진다.

시나리오는 무언가가 구현되어야 할 필요와 욕구를 촉발한다. 모의로 구현되거나 가상으로 구현된다 하더라도 말이다. 서사와는 달리 플롯은 말이 아닌 행동으로 옮겨져야만 한다. 다시 한번 강조하지만, 경험은 앎의 한 특권적인 방식이다. 그러나 살아있는 몸, 즉 맥박이 뛰는 유기체만이 경험을 얻는다고 한정할 수는 없다.

정치, 의식, 삶의 전략이 누군가의 몸에 머문다는 개념인 체현은 물리적인 육체와 관련이 없을 수도 있다.

디지털 플랫폼은 경험이 가능한 환경을 제공하여 우리가 다양한 방식으로 동시에 작업하고 교류하고 체험할 수 있도록 한다. 건축가는 3D 시뮬레이션 안팎에 방문객을 배치하여 건물이나 설치물이 어떤 모습일지를 보여준다. 우리는 이곳과 저곳에, 여러 다른 물리적 세상에, 시뮬레이션 속 가상 환경에 존재할 수 있다. 우리는 아바타 그 자체이다. 혹은 가상 환경에 각자의 아바타를 갖고 있기도 하며 이는 데이터로 구성된 분신이다. 비트와 정보 조각들로 만들어진 나 자신의 강력한 디지털 타자이다. 리처드 에릭슨과 케빈 해거티가 말하길, "인간은 개별 정보 흐름으로 쪼개지고, 이 흐름은 미리 설정된 분류 기준에 따라 안정화되고 선별된다. 그다음, 중앙으로 이동하여 제도의 의제에 부합하는 방식으로 결합하고 재조립된다."[74] 자크 라캉은 인간이 유아기에 자기 몸을 거울에 비추면서 몸이 파편화되는 경험을 했고, 이로 인해 존재론적 위기를 겪는다는 이론을 만들어내었다. 이와 비교했을 때 디지털 세상은 파편화와 주체성 변이에 관한 가늠하기 어려울 정도로 넓은 범주의 문제를 떠안게 되었다.[75]

시나리오는 문화적 신화와 가정이 이어지는 것을 허용하지만, 복제보다는 재활성화를 통하여 작동한다. 복제된 사본과는 달리 시나리오는 다시:의 법칙을 따른다.[76] 거친 미국 서부 개척자에 관한 시나리오는 영화, 담배 광고, 정치적 책략 등 다양한 형태로 끊임없이 재생산된다. "수배 중. 생포 또는 사살 가능."이라고 적힌 조지 W. 부시의 포스터는 이라크와의 분쟁을 대중문화의 언어로 치환하여 보여준 예이다. 스티븐 콜베어는 우리가 사랑한 모든 것의 끝인 종말에 관한 다양한 시나리오를 콜베어 리포트 속 "최후의 심판일의 벙커"라는 코너에 실어 당시 공포를 조장하던 폭스 뉴스의 예측에 맞서는 유머러스한 대응을 보여주었다.[77]

시나리오에 예견하는 기능은 없다. 하지만 어떤 것이 앞으로 어떻게 될 것인지를 참여자가 추측할 수 있도록 이끄는 기능이 있다. 참여자는 '그럴듯한' 결과물을 찾고자 다양한 변수를 탐색한다. 시나리오의 설득력이 점점 더 높아지면 높아질수록 참여자는 세상을 이해하는 적합한 방법으로서 시나리오에 더 큰 믿음을 갖는다. 한편 코메디아 델 아르테와 마찬가지로, 시나리오는 종종 틀에 박힌 결말과 이미 정해진 세계관을 재차 확인하는 것으로 끝이 난다.

군사, 비즈니스 등 목표가 뚜렷한 시도를 위해 제작된 시나리오와 시나리오로 사고하는 과정에는 많은 한계가 있다. 누군가는 이미 상상한 것들만을 대비할 수 있다. 때문에 시나리오는 갈등과 해결을 상상하는 데 있어 특정 방식만을 강화하는 경향이 있다. 예를 들어, 코메디아 델 아르테에서 동성 간 혼인은 아마도 상상 불가한 일이었을 것이다. 시나리오로 사고하기의 근간을 이루는 가정은 동의이다. 하지만 시나리오의 참여자는 가정 자체를 검토하지 않고 마는 함정에 빠지기도 한다. 시나리오는 오직 그 시나리오를 설계한 사람의 역량만큼만 기능한다. 보통 설계자들은 실제 상황의 경쟁자나 상대를 시뮬레이션에서 제외하는데, 이는 참여자의 두려움 혹은 판타지를 줄여주기 때문이다. 합리적인 예측을 하기에는 변수가 너무 많다. 그렇지만 여전히 시나리오는 생각이 발생하게끔 프레임을 구축하는 역할을 한다. 본질적으로 좋은 것도 나쁜 것도 아닌 시나리오. 지금 일어나고 있는 일에 관해 우리를 대비하게 하거나 동시에 우리의 눈을 멀게 할 수도 있다. 이러다 우리는 시나리오야말로 현재 발생하고 있는 것 그 자체라고 말하게 될지도 모른다. 시나리오는 문화적 상상력, 사회가 자기 자신을 상상하는 방식, 그리고 갈등과 결말을 보여준다.[78]

시뮬레이션 환경 안의 다이애나 테일러. 칠레 산테아고
사진: 로드리고 티시

근래 들어 시나리오는 초창기의 쓰임을 넘어 문화 연구와 퍼포먼스 연구에서 다시금 중요한 자리를 꿰차고 있다. 이론가들은 쓰인 서사에서 체현된 문화로, 담론에서 퍼포머틱으로 관심의 무게를 옮기며 프레임의 문제로 회귀하고 있다. 짜인 설정 위에서 발생하는 행위와 행동은 예측할 수 있을지도 모른다. 그러나 이는 궁극적으로는 유연하며 또 변화에도 열려있다. 사회적 행위자에게는 이미 역할이 배정되어 있을지도 모른다. 그러나 이 사회적 행위자와 정해진 역할 사이의 타협할 수 없는 마찰은 비판적인 거리 두기와 문화적 행위자 되기를 가능하게 한다.

시나리오는 시나리오가 모델화하려는 '타자'보다 시나리오를 구상하는 '우리'에 관해 더 많은 것을 이야기한다. 때문에 시나리오는 사회 자체를 이해할 수 있는 방법으로 중요한 기능을 수행한다. 시나리오는 유령, 이미지, (우리의 현재에 출몰하고 또 오래된 드라마를 되살려 재활성화하는) 고정관념 같은 이미 여기 있었던 무언가를 가시적이게끔 만든다.

시나리오는 '우리'에 관한 것이다. 우리는 참여자, 관객, 증인과 마찬가지로 우리 자신을 시나리오라는 그림 안의 주요한 요소로 고려해야만 한다. 즉, 전달 행위의 일부로서 우리는 '거기에 존재할' 필요가 있다. 따라서 시나리오는 특정 종류의 멀어지기를 불가능하게 만들고 구경꾼을 프레임 안에 위치시킴으로써 '우리'를 윤리, 정치와 얽히도록 한다.

나쁜 시나리오는 퍼셉티사이드이다. 즉 우리 스스로 자신의 눈을 멀게 만든다. 좋은 시나리오는 우리의 인식을 고취하고 좋은 방향으로 플롯을 바꾸는 행동을 하게끔 독려한다.

"사이렌. 자살 폭탄. 피해자들이 서둘러 병원으로 달려간다.
이 남자의 생명을 구하기 위하여 시간에 맞서는 경주다."

MSR이라고 불리는 이스라엘 의학시뮬레이션센터에서 모의
실험이 시작할 때 등장했던 문구이다. 이 기관은 지구에서 가장
다양한 시뮬레이션을 수행할 수 있는 곳으로 정평이 나 있다.[79]
한 면만 거울로 되어있는 통제실의 컴퓨터 앞에 앉아 있던
트레이너는 시나리오 하나를 설정한다. 자살 폭탄 테러범 한
명이 사람들이 바글거리는 시장에서 자폭한다. 우리는 폭발음을
듣는다. 혼란이 뒤따른다. 통제실에서는 이스라엘 군대로 구성된
팀이 피해자를 구하기 위해 고군분투하고 있다.

값비싼 첨단 시뮬레이션 마네킹인 심맨(SimMAN)이 바닥에
누워 있다. 마네킹은 여러 생리적인 변화를 흉내 내도록
프로그래밍 되어 있고 팀원들은 이 심맨을 구하기 위해 공들인다.
다리는 이미 날아갔다. 출혈이 심한 상태이며 혈압 또한 떨어지고
있다. 심장 박동이 폭주하고 호흡은 얕고 빠르게 뛰고 있다. 군인
한 명이 심맨의 기도에 삽입된 튜브를 느슨하게 하려는 동안 또
다른 군인은 그의 팔에 링거를 꽂고 피가 흐르는 잘린 다리에
지혈대를 묶는다. 이는 앞으로 있을 극심한 트라우마를 다스리기
위한 기초 단계로, 기도를 확보하고 호흡과 순환을 유지하는
과정이다. 시나리오는 점점 더 복잡해진다. 구조 요청과 사이렌
소리가 군인들의 목소리를 뭉개 버린다. 환자의 상태는 악화하고
있다. 통제실 안에 긴장이 고조된다. 모의로 진행되는 연습임에도
불구하고 군인들은 비상사태에 대한 무척이나 본능적인 반응을
경험한다. 스트레스가 쌓여 가고 아드레날린이 솟구친다.[80]
통제실 밖의 기술자들은 이 모든 상황을 관찰하고 녹화한다.

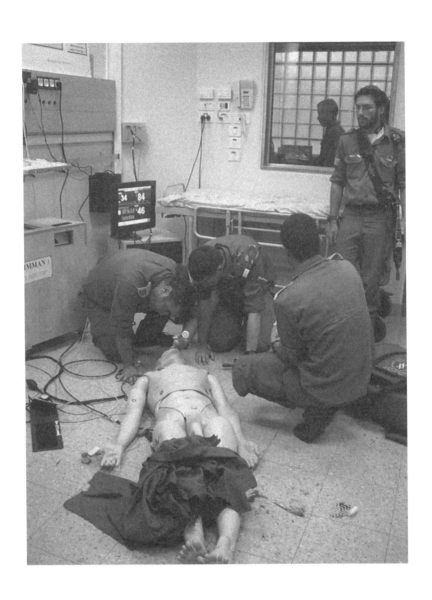

244

테러리스트의 공격 시뮬레이션, MSR, 이스라엘, 2009.
사진: 다이애나 테일러

이후 나는 병원에 있는 심맨을 찾아갔다. 그의 손을 잡아
주어야만 하는 걸까?

시뮬레이션에 참여했던 팀은 책임 트레이너와 만나 비디오를
관찰하며 위기 상황에서의 대처 방법에 대한 의견을 주고
받는다. 군인들은 자신의 반응을 스스로 분석하고 또 분석하며
대안을 찾고자 한다. 1980~1990년대에 의학계에서 통용되던
낡은 주문 "한 번 보고, 한 번 행하고, 한 번 배우라" 대신 이
의학 시뮬레이션은 실수를 저지르기에 안전한 환경 속에서
이 행동들을 예습할 수 있도록 해준다. 요점은 이거다. 우리는
행하기가 아니라 예행하기를 통해 배워야 한다.

이러한 몰입형 시나리오 훈련은 "재생산이 가능하고,
규격화되어 있으며 객관적으로" 구현되는 행동과 실천이
가능하게 한다. 마치 과학에서의 실험을 연상시킨다.[81]
고도로 훈련된 무용수의 움직임부터 특정 그룹이나 세대의
의례적인 몸짓, 그리고 무의식적이고 형식적인 몸짓까지
아우르며 광범위하게 전달을 수행하는 레퍼토리 논리는 균일성,
재생산성과 긴밀히 얽혀 있다.

이스라엘의 모든 의사, 간호사, 의대생, 군 관계자는 MSR에서
훈련받는다. 심지어 MSR은 팔레스타인 점령지에 있는 의료
관계자들을 훈련하기 위한 특수 봉고차를 갖추고 있다. 또한
진료소를 방문하는 환자나 비보를 접하는 친척을 연기할
수 있는 배우를 고용하기도 한다. 나는 텔아비브대학교의
연극학과에서 강의를 제안받아 방문한 적이 있다. 당시 토론
시간에 이스라엘에서 가장 많은 수의 배우를 고용하는 기관이
어디인지를 교수와 학생들에게 질문하였다. 그들은 온갖 대답을
쏟아냈다. '모의 환자' 혹은 배우를 고용하기 위해 기관 예산의

11%를 쓰는 이 어마어마한 시뮬레이션 센터만 빼고서 말이다.[82]

셰리 터클이 지적하듯이 시뮬레이션은 "몰입을 요구하기 때문에 그것이 시뮬레이션임을 의심하기 힘들게끔 작동한다."는 게 문제다.[83] 터클은 가상현실이 "임의의 상황을 더 실제처럼 보이도록 만든다."라고 주장한다.[84] 따라서 "[시뮬레이션]을 의심하는 것은 심지어 전문가에게조차 힘든 일이다. 자신의 감각을 의심하는 것 같은 느낌을 들게 하기 때문이다."[85] 뿐만 아니다. 시나리오와 시뮬레이션은 우리가 프레임 자체를 검토하는 일로부터 멀어지도록 유도한다. 어떠한 정치적 상황과 문화적 공포가 시나리오와 시뮬레이션을 긴급하고 더 강력한 것이 되게끔 할까? 누가 과연 시나리오와 시뮬레이션을 뒷받침하는 전제와 조건을 검토하고 있는 것일까?

만약...

7

예술행동가:
무엇을 해야 할까?

ezac©

ate oblivium

storiamine on the Market

amne
amnescilin/atroci
20mg tablets
The Most Powerful Anti-

예술행동가(Artist-Activist)는 정치적 맥락, 투쟁과 논쟁에 개입하기 위한 수단으로 퍼포먼스를 활용한다. 누군가에게 퍼포먼스는 정치를 지속하게끔 하는 또 다른 수단이다.

이 장에서 소개할 예술행동가들은 정치적, 경제적 변화를 위해 싸우는 도구로 퍼포먼스를 적극 소환한다.

내가 이 책 전반에 걸쳐 다루었던 주제인 퍼포먼스 행동주의에서 몸의 역할, 예술과 행동주의의 경계, 퍼포먼스의 '효험' 평가하기, 영상과 인터넷을 통해 매개된 퍼포먼스의 힘 등을 4명(팀)의 작가를 통해 다시 한번 살펴보고자 한다.

'실종자와 정치범의 아이들'이라는 뜻의 이름을 가진 H.I.J.O.S.는 에스크라체를 통해 아르헨티나의 독재 이후 등장한 정권에 대해 '재판과 징벌'을 직접적으로 요구한 대규모 집단행동을 꾸준히 선보였다. 퍼포먼스 예술가 레지나 호세 갈린도의 작품은 한 개인이 모국에서 벌어진 대량 학살에 (자신의 점심시간을 활용하여) 어떻게 대응했는지를 보여준다. 풀라나는 비디오 매체를 활용하여 사유화와 망각의 문화에 대해 다룬다. 예스맨이 2013년 몬산토라는 대기업에 맞서 선보였던 인터넷 행동은 행동주의가 어떻게 '체현되지 않은' 온라인의 형태로 해외 관객인 사용자들과 교류할 수 있었는지를 보여준다.

몬산토:
1901년에 설립된 미국의 농업 화학 및 생명공학 기업입니다. 2018년 독일 바이엘 주식회사에 인수되어 지금은 역사 속으로 사라진 기업이 되었답니다. 몬산토는 1980년대부터 변형 작물 실험을 시도하였고 제약회사가 개발한 기술을 농업에 적용하기도 하였습니다. 이후 세계 각지에 자신들이 개발한 종자와 씨앗, 제초제 등을 독점 판매하며 큰 기업으로 성장했습니다.

I. H.I.J.O.S.:
"비록 세상에 정의는 없다고 하지만
우리에게는 아직 에스크라체가 있습니다."

1995년 아르헨티나에서는 실종자와 정치범의 아이들이
H.I.J.O.S라는 그룹을 조직했다. 이들은 1976~1983년 동안의
군 독재 시기에 발생한 부모들의 실종, 고문, 죽음에 책임
있는 군 지도자와 공범들에 대한 '정의와 징벌'을 요구했다.
H.I.J.O.S가 주도했던 이 시위는 '5월 광장의 어머니들'이
이끌었던 비탄에 잠긴 걷기의 의식과는 여러 이유로 아주
달랐다. 어머니들이 사라진 아이들에 대한 정보를 정부에
요구했던 1977년은 폭력이 절정에 달했던 독재의 초기
단계였다. 어머니들은 사라진 아들과 딸의 사진을 목에 건 채로
이 남성우월주의 사회에서 자신들이 그저 마땅히 할 수 있는
엄마라는 역할, 즉 아이들을 찾고 돌보는 일을 하는 것뿐이라고
말하였다. 자신이 엄마임을 알리기 위해 아이들의 기저귀 같은
것을 머리에 스카프처럼 두르기도 하였다. 무방비 상태나
다름없었다. 그 여성들 대다수는 중년이었고 건강도 그다지
좋지 않았다. 또 그들은 사람들의 눈에 잘 띄는 아르헨티나
중앙 광장을 계속 맴돌면서 공격으로부터 자신을 지키고자
하였다. 그들은 특정 시간과 장소라는 프레임을 신중하게
선택했다. 군대가 대통령 궁 앞에서 무장하지 않은 어머니들을
학살하는 일은 발생하지 않았다. 한편 '5월 광장의 어머니들'을
창립한 몇몇 이들은 비공식 모임을 위한 집회 장소에서
납치되어 죽임을 당했다. 그리고 대부분 정부로부터 끊임없이
위협받았다.

퍼포먼스는 맥락이 곧 전부이다.

독재가 몰락한 이후부터 활동을 개시했던 H.I.J.O.S.는 젊고
활기찼다. 그들은 도시와 국가를 자유롭게 넘나들 수 있었다.
그렇게 현재까지 활동을 이어가고 있다. 그러나 상황은
바뀌었고 그들 또한 전략을 다시 세워야만 했다. 인권을
침해하는 자들에 맞서던 지난 20년 동안 그들이 행동을 취하고
공간을 점유하는 방식은 더 대담해졌다. H.I.J.O.S.는 인권
침해의 장본인들을 직접 대면해서 그들이 익명성을 포기하도록
했다. 초창기 H.I.J.O.S.는 주로 축제 형식의 에스크라체, 공개
망신이나 아우팅 행위를 연출하였다.

공개적 거부 행위인 에스크라체는 게릴라 퍼포먼스의 한 유형이다. H.I.J.O.S.는 지금 이 나라의 모든 것이 잘 돌아가고 있으므로 과거에 대해 돌아볼 이유가 전혀 없다는 근거 없는 믿음을 없애고자 한다.

독재가 끝난 후 군과 공범들은 징벌을 피하고자 낮은 자세를
유지했다. 에스크라체는 규모가 어느 정도이고 의도가
무엇인지에 따라 그 형태가 각양각색이다. H.I.J.O.S.의 일부
구성원은 가해자의 재판에 등장해 공격을 가하기도 한다.
비밀고문센터를 찾거나 학살에 참여했던 의사의 집 혹은
사무실을 방문하기도 한다. 에스크라체의 목적은 처벌받지 않은
범죄, 범죄를 저지른 사람들, 그들을 지지한 단체를 공개적으로
드러내고자 함이다. 그러한 단체 중 상당수는 오늘날까지도
계속 운영되고 있다.

H.I.J.O.S.의 에스크라체는 매우 연극적이다. 때로는 수백
명의 젊은이가 요란한 음악에 맞춰 거리를 걷거나 춤을
추고 노래를 불렀다(H.I.J.O.S.가 시작할 당시 구성원들은
20대였다). 시끄러운 스피커를 들고 동네 사람들에게 당신들이
비밀고문센터의 옆에 혹은 가해자와 이웃하여 살고 있다는
점을 널리 알렸다.

주로 여성들로 구성된 거리 예술가 그룹 그루포 아르떼 칼레헤로
같은 예술행동가의 도움으로, H.I.J.O.S.는 "고문 센터로부터
500M" 같은 문구가 적힌 거리 표지판을 만들었다. 이처럼
아메리카 대륙 전역에서 발생한 독재의 역사, 그리고 여기에
가담한 이들에 대해서 문구를 만들어 상기시키는 방법을 통해
사회적인 영역에 참여하고자 하였다. H.I.J.O.S.는 가해자의
이름과 주소가 적힌 작은 시내 지도를 만들었다.

에스크라체를 행하기 한 달 전부터 H.I.J.O.S.의 구성원은
목표로 삼은 사람이 거주하거나 일하고 있는 동네 주민을
대상으로 준비를 시작한다. 그들은 일단 범죄자와 관련한
온갖 사진과 정보들로 거리를 채운다.

Norberto Atilio

BIANCO

GENOCIDA
APROPIADOR

CLINICA DE BUEN AIRE

고문 가해자의 사진이 거리에 걸린 모습, 2010.
사진: 그루포 데 아르떼

H.I.J.O.S.로부터 몸을 숨겨왔던 고문자들은 외모를 바꾸거나 새 신분을 만들고 과거 사진을 불태웠다. 일부 가해자는 눈에 잘 띄지 않게 숨어 지냈다. H.I.J.O.S.가 가해자의 최근 사진을 손에 넣지 못할 때는 몰래 그에게 접근하기도 했다. H.I.J.O.S.의 부모가 군부에 의해 은밀하게 제거당했던 것과 반대로, 그들은 표적인 가해자를 더 드러나 보이게끔 만들었다. H.I.J.O.S.는 가해자의 얼굴을 사진으로 찍어 유포하였다. H.I.J.O.S.는 군대의 지휘관들이 사용하던 전략을 빌렸다. 그러나 여기에는 분명한 차이가 있다. H.I.J.O.S.가 사용한 기술은 인권 유린에 책임 있는 자들을 식별하기 위해 쓰였다. 이 아우팅은 고문자들로서는 입장에서는 감당하기 힘들 법한 일이었다. 하지만 그들의 목숨까지 위험에 빠뜨릴 정도는 아니었다. '5월 광장의 어머니들'과 마찬가지로 H.I.J.O.S.는 법에 기댄 복수가 아닌 제도적 정의를 요구한 것이다.

에스크라체는 누가 고문자인지, H.I.J.O.S.는 이미 알고 있음을 장본인들이 깨닫도록 유도한다.

젊은 행동주의라 할 수 있는 H.I.J.O.S.는 자신만의 스타일로
에너지를 발산하고 이를 즐긴다. 그들의 행동은 슬픔과
트라우마보다는 즐거움의 정동에 기인한다. 2000년대 초반
에스크라체는 국제적인 규모로 확장되었다. 사라진 이들,
정치범, 유배된 행동가의 아이들은 아메리카와 유럽 대륙
전역에 걸쳐 함께 일하기 시작했다. CIA가 콘도르 작전의
일환으로 국제 테러 조직을 조직하고 미국의 군사 대학이
고문자를 훈련했던 것과는 반대로 H.I.J.O.S.는 정의와 인권을
위해 싸우고자 그들만의 국제 조직을 세웠다.

이러한 퍼포먼스의 장단기적 효과를 측정하기는 쉽지 않다.
400명이 넘는 고문자가 재판받았고 현재 무기징역을 선고받아
복역 중이다. '5월 광장의 어머니들'과 H.I.J.O.S.의 행동주의가
만들어낸 결과일까? 증명하기는 어렵다. 하지만 여기서 우리가
분명하게 말할 수 있는 건, 이 단체들이 활동을 이어가지
않았더라면 정의는 구현되지 않았으리라는 점이다. '정의와
징벌'에 대한 요구가 사회적으로 주목을 받았고, H.I.J.O.S.는
이제 더는 큰 규모의 에스크라체를 진행하지 않는다. 그리고
구성원들은 나이를 먹었다. 그럼에도 그들은 여전히 가해자의
행방을 조사해 아우팅을 하고 있다. "그들이 가는 곳마다
쫓아갈 것이다!" 2014년 1월 H.I.J.O.S.의 페이스북 페이지
대문에 적혀 있던 문구다. 거기에는 우루과이의 한 해변에서
파인애플 음료를 들고 해를 쬐며 웃고 있는 남성의 사진 하나가
걸려 있었다. 그는 23명의 이탈리아인을 살해한 혐의를 받고
있다. (정의를 위한) 수색은 결코 멈추지 않는다.

콘도르 작전:
1970~1980년대에 칠레,
아르헨티나, 브라질, 볼리비아,
파라과이, 우루과이 등지의 남아메리카
우익 독재 정권이 미국 CIA의 지원을 받아
소위 '좌파'들을 암살하던 대규모 연합 작전입니다.
이들은 잔인한 통치에 반대 의사를 표하던 사람과
그 가족을 감금하고 고문, 처형하였어요. 콘도르 작전은
아르헨티나의 군사 정권이 무너진 1983년에서야 비로소 멈췄고
1990년에 들어서는 당시 작전에 참여하고 공조하였던 자들을
법적으로 처벌했습니다.

263

사진: H.I.J.O.S., 그루포 아르테 칼레헤로, 2000.

'5월 광장의 어머니들'과 H.I.J.O.S.가 증명했듯, 정의를 위한
수색은 오랜 기간 지속되는 퍼포먼스이다. 비록 시간이 지나면서
전술과 상황은 변하지만 이 퍼포먼스의 효능을 입증하는 것은
바로 인고와 인내이다. 정의를 위한 투쟁은 평생이 소요될 지도
모르는 일이다. 또한 그들은 인권 침해에 맞서는 항의의 행동을
실종자 가족에게만 떠넘길 수 없다는 점을 분명히 한다. 우리
모두가 범죄의 피해자, 생존자, 가해자는 아니다. 그러나 여전히
우리는 범죄에 연루된 정치에 참여하고 있다. 정부는 억압적인
제도를 만들고 우리는 정부에 세금을 낸다. 이 예술행동가들은
(다른 먼 곳을 굳이 고려하지 않고도) 아메리카 대륙 전역에
걸쳐 지속적으로 벌어지고 있는 모든 잔혹 행위를 통해
우리(모두)가 정치적 폭력 가까이에 살고 있음을 상기시킨다.

사람들이 어떤 끔찍한 상황을 겪으며 "우리가 할 수 있는
일은 아무것도 없다."라고 탄식할 때 나는 레지나 호세
갈린도를 찾아가 그대로 말해보라고 조언한다.

레지나 호세 갈린도는 여러 가지 이유로 참 흥미로운
퍼포머이다. 첫째, 그는 예술을 매개로 우리 주변을 둘러싸고
있는 폭력에 관심을 갖도록 촉구한다. 하지만 그는 자신을
행동가라 여기지 않는다. 둘째, 그의 작업은 그가 어디서 작업
하느냐에 따라 주제를 달리한다. 미국이나 독일에서 초대받는
경우 갈린도는 현재나 과거 그곳에 존재했던 폭력을 탐구하여
작업으로 만든다. 셋째, 그는 자신의 작업이 변화를 초래한다고
믿지 않는다. 그러나 그는 이 일을 지속해야만 한다고 믿는다.
그는 (윤리적인 이유로) 자신이 속한 맥락에만 자신을 한정하는
게 옳다고 말하는 예술가들에게 작업으로 맞서며 이의를
제기한다. 또한 그는 미적 진실성을 유지하기 위해 정치적인
것과 거리를 두어야 하며 작업에 전념하기 위해 그것이 야기할
결과에 주목해야만 한다고 말하는 예술가들에게도 반기를 든다.
갈린도는 위와 같이 주장하는 예술계와 행동가의 영역 안팎을
넘나들며 작업하고 또 개입한다. 그는 이 둘 사이의 경계를
뛰어넘어 흐리게 만들고 결국에는 하나로 합쳐 버린다.

1999년 이래로 갈린도는 수십 개의 퍼포먼스를 만들었다.
우리가 앞서 살펴본 예술가들과 마찬가지로 그는 종종 폭력적인
사회 세력들 사이에서 자기 몸을 대립의 지대로 활용한다.
과테말라에서 태어난 갈린도는 그가 자라온 시기에 대해 아래와
같이 묘사한다.

> "과테말라는 36년간 엄청난 피의 전쟁을
> 겪었다. 약 20만 명이 대량 학살로 인해
> 죽었다. 군대는 반란군과 싸우면서 토착민을
> '내부의 적'으로 규정해 게릴라 활동에
> 동의했다는 이유로 추궁했다. 가장 잔인했던
> 그 시기에 군은 토착민을 박해했다. 정부는
> 당시 토착민 초토화 작전을 펼쳤다. 정부의
> 적이라는 구실로 토착민의 땅을 빼앗으려는
> 계획이었다. 흔히 있는 일이다. 과테말라
> 무장 충돌이 보여주는 여러 특징 중 하나이다.
> 군인과 민간 방위대가 토착민 공동체의
> 생존에 필요했던 모든 것을 파괴해버렸다.
> 음식, 옷, 수확물, 집, 동물 등등. 모든 것을
> 불태워버렸다. 그들은 강간했다. 고문했다.
> 살해했다. 수많은 시체가 거대한 구덩이에
> 파묻혔다. 당시의 사실을 증명하는 데 이
> 시체들이 긴 증거 목록으로 남아있다."[86]

피의 전쟁과
에프라인 리오스 몬트:
과테말라는 1960년부터 1996년까지
36년의 긴 세월 동안 정부와 반란군 사이의
내전을 겪었어요. 미국의 유나이티드 프루트 컴퍼니같은 회사가
과테말라 토지의 대부분을 소유하게 되면서 마야 토착민과 소작농의
불만이 고조되었고 이들이 반란을 조직해 정부에 맞서면서 내전이 발발했던
것이지요. 특히 전직 대통령이었던 에프라인 리오스 몬트는 재임 동안 독재 정권을
유지하며 국가에 대항하는 이들과 반군에 동조하는 마야인을 무자비하게
학살하였고 당시 약 20만 명이 죽거나 실종되었다고 합니다.
과테말라 내전은 1996년 정부군과 반란군 사이의 평화 협정이
이루어진 후 종결되었지만 리오스 몬트는 처벌받지
않았고 마야인은 여전히 낮은 사회적
처우로 고통받고 있습니다.

이와 같은 갈린도의 경험은 그가 퍼포먼스를 선보이는
장소가 어디인지와는 무관하게 작가로서 작업에 어떤 태도로
접근하는지를 보여준다. 갈린도는 사무실에 앉아 일하고 있던
어느 하루에 대해 이야기했다. 1982~1983년 대량 학살의
책임자이자 군사 독재자인 에프레인 리오스 몬트가 2003년
민주주의 선거에서 과테말라의 대통령 후보로 출마한다는
소식을 듣게 된 갈린도는 집으로 달려가 문을 걸어 잠근 후
방안에서 소리를 지르고 발길질을 했다. 며칠 후 그는 사람의
피로 채워진 대야를 들고 점심시간에 맞춰 밖으로 나와
헌법재판소에서 국립 고궁까지를 오가며 피의 발자국을 길가에
남겼다. 누가 그 흔적을 지울 수 있을까?(2003)라는 작업이다.
그리고 나서 갈린도는 발을 씻고 다시 일터로 돌아갔다.

레지나 갈린도의 점심시간.

갈린도는 분노야말로 자신을 행동하게 하는 요인이라고
고백한다.[87] 어떠한 희생을 치를지라도 자신을 표현해야 하는
필요성은 갈린도 자신의 개인적 경험 때문이다.

"어릴 적 내가 폭력의 장면들을 목격하지
않았더라면 아마 지금의 나는 달랐을 것이다.
지진, 공포, 폭탄이 없었더라면... 내 딸의 방
창문 너머로 들리는 총소리가 없었더라면...
매일같이 들리는 이 망할 총소리가
없었더라면... 떠나려는 욕망, 머무르려는
욕망이 없었더라면... 내가 선택한 이 삶 혹은
나를 선택한 이 삶이 없었더라면. 어쩌면
나는 다른 것을 했을 것이다. 내가 보아 온
것, 내가 겪어온 것, 내가 들어온 것, 내가
배워온 것이 없었더라면, 어쩌면 이 세상의
모든 것이 달랐을 것이다. 그러나 나는 내가
삶아온 이 삶을 살아왔다. 나는 나에게
주어진 카드를 쓴 것 뿐이다. 나는 내가
태어난 바로 이곳에서 태어났으며 나는 내가
해온 바로 이것을 쭉 해 왔다. 그리고 이제
나는 내가 하려는 이 일을 할 뿐이다. 내가
하려는 일은 간단하다. 나는 다시 생각하고,
다시 해석한다. 나는 이미 만들어진
무언가로부터 새로운 것을 다시 만든다. 나는
나 자신과 타인의 경험을 새로운 이미지와
움직임으로 바꾼다. 이 요소들의 질서가
상품에 영향을 주는 지점까지. 예술 상품,
그래... 어쨌거나 상품이다."[88]

269

갈린도는 아주 작은 몸을 가진 여성이다. 이런 신체적 외관은 그의 결단력과 용기를 더욱 돋보이게 만든다. 그의 퍼포먼스는 충격적이다. 자신을 위태롭게 만들 때에는 특히 더 그러하다. 우리는 태어남으로써 아무것도 잃지 않는다(2000)에서 갈린도는 발가벗은 자기 몸을 투명한 비닐봉지에 넣고서 도시의 쓰레기 폐기장에 던져 넣어지도록 한다. 또 다른 작품 피부(2001)에서 그는 머리끝부터 발끝까지 온몸의 털을 밀고 발가벗은 채로 베니스의 거리를 돌아다닌다. 바륨(2000)은 자기 몸에 바륨을 주입하는 작업이었다. 누가 그 흔적을 지울 수 있을까?(2003)와 피의 무게(2004)에서 그는 작품에 활용하기 위한 인간의 피를 구입해야 했다. 피의 위기(2009)에서는 자신의 피를 타인에게 팔기도 한다. 그는 여성에게 자행되는, 그렇지만 가시화되지 않은 끔찍하고 지속적인 폭력의 행위들을 수면 위로 올린다. 처녀막 수술(2004)에서 갈린도는 자기 몸을 수술대 위에 눕힌다. 처녀막 수술은 의사가 여성의 처녀막을 '재건'하는 것을 말한다. 쌍년(2005)에서는 'perra'라는 단어를 자신의 다리에 새겨 몸을 훼손했으며 그들이 자유로울 동안(2007)은 자신을 성적 괴롭힘에 노출한 작업이었다.

갈린도는 폭력적인 행위들이 사실은 서로 긴밀하게 연결되어 있다는 점을 간파한다. 미국의 CIA는 과테말라의 리오스 몬트 전 대통령을 후원하였다. CIA는 대량 학살에 간접적인 책임이 있다. 과테말라 정부의 폭력을 피해 미국에 망명 신청했던 사람들은 결국 구금되거나 추방당했고 곧 죽음을 맞이했다. 갈린도는 텍사스 샌안토니오에 있는 아트페이스라는 곳의 예술가 레지던시에 초청받은 적이 있다. 그는 이를 승낙하였고 아트페이스는 갈린도의 퍼포먼스를 위해 그에게 구치소 독방 하나를 임대해 주었다. 이곳은 미등록 체류 이민자 가족을 투옥하는 데 사용되던 장소였다.

미국의 가족 교도소(2008)에서 갈린도는 24시간 동안 남편과 젖먹이 딸을 데리고 감옥에 자기 자신을 스스로 가두었다. 이 퍼포먼스가 진행되는 동안 많은 관객이 그를 비난하였다. 딸을 이런 환경에 놓아두는 무책임한 엄마라며 손가락질하였다. 하지만 그들은 수개월 혹은 수년을 이곳에 갇혀 지내야만 했던 수천 명의 다른 가족들, 공개적인 항의조차 할 수 없었던 사람들에 대해서는 떠올리지 못했다. 납(2006)에서 갈린도는 미국의 한 재단으로부터 받은 기금 5천 달러를 도미니카의 전 군 장교에게 주고서 권총, 리볼버, 소총, 샷건 등 여러 군사 무기의 사용법을 배웠다. 이 프로젝트는 과테말라에 보낸 미국의 돈이 실상 군대를 훈련하고 무기를 사는 데 쓰인다는 것을 강조하기 위함이었다. 이 작업은 오직 퍼포먼스의 기록 문서인 사진과 비디오로만 남아 직접 보기는 어렵다. 그렇지만 적어도 이 문서화 행위를 통해 그의 실천은 가시화되었다. 더 큰 프레임을 통해 이해해 보자. 이 퍼포먼스는 아메리카 대륙에서 정부 집권, 군국주의, 신제국주의가 어떻게 자행되고 있는지를 무기 밀거래와 연결해 폭로하고자 하였다.

갈린도의 작업이 겨냥하는 화살은 비단 미국과 과테말라 사이의
관계만이 아니다. 2010년 독일에서의 퍼포먼스 준비 과정에서
그는 한 치과 의사에게 돈을 지급하여 어금니 중 하나의 속을
비우고 대신 금을 채워 넣도록 지시하였다. 이 퍼포먼스는
갈린도와 계약을 맺은 치과 의사가 갤러리에서 직접 어금니에
박힌 금을 다시 꺼내는 일까지를 포함했다. 갈린도는 이를
통해 나치가 유대인들에게 행했던 악행을 상기시키고 더불어
여러 의뭉스러운 정치 작전에 치과의, 일반의 등 전문가가
참여했던 것 또한 지적하고자 하였다. 범죄에 연루된 정치와
전문 의료인 사이의 공모는 갈린도의 작업이 늘상 다뤄 온
주제이다. 부유한 나라가 가난한 나라로부터 온갖 천연자원을
빼가는 동안 가난한 나라는 단기적 이익을 얻기 위해 폭력에
가담한다는 점 또한 드러낸다.

갈린도는 또한 이 퍼포먼스에 아름다운 황금 왕관을 전시하여
다른 개입의 도구로 사용했다. 문화와 개인을 강탈하여 원래의
장소와 맥락으로부터 분리시킴으로써 예술이 된 또 다른
예시였다.

대지
(2013)

"군인들은 당시 사람들을 어떻게
죽였습니까?" 검사가 물었다.

"먼저 기계를 조작하는 이에게 구덩이를
파라고 지시합니다. 그런 다음, 사람들로
가득 찬 트럭을 소나무 앞에 주차하고 한
명씩 앞으로 나오도록 합니다. 군인들은 쏘지
않습니다. 다만 종종 사람들을 총검으로
찌릅니다. 총검으로 사람들의 가슴을 찢어낸
후 구덩이로 갖고 갑니다. 구덩이가 가득
차면 금속 삽을 그 몸들 위로 던집니다."

— 에프레인 리오스 몬트 장군과 마우리치오
로드리게스 산체스의 재판에서 나온 증언

273

레지나 호세 갈린도, 대지
후원 및 제작: 스튜디오 오르타
사진: 버트랜드

갈린도의 대지는 2013년 프랑스에서 진행된 퍼포먼스이다.
3명의 사람과 2대의 비디오카메라가 함께 했다. 우리는 영상
안에 있는 갈린도를 바라본다. 발가벗은 무방비 상태의 아주
작은 여성이 서 있다. 포크레인이 그를 에워싼 땅을 판다. 다시
또다시. 포크레인의 갈퀴가 땅을 내리누르며 어마어마한
흙을 움켜쥐고서 빙빙 돌다가 이내 그 옆으로 내던져버린다.
포크레인이 다시 거칠게 빙빙 돌면서 갈린도의 작은 몸에
가까이 더 가까이 다가간다. 구멍은 점점 더 깊어져 간다.
기계는 삐걱거리고 윙윙거리다 그의 바로 뒤를, 앞을, 양옆을
파낸다. 갈린도는 가만히 서 있다. 그의 땋은 머리카락은 얇은
등 뒤에, 그의 손은 허벅지에 얹혀 있다. 전혀 에로틱하지 않다.
그의 몸은 기쁨의 징조보다는 상처로 인한 징후를 전달한다.
그의 오른쪽 다리 위에 있는 저건 대체 무엇일까? 그의 치골에
어떤 상처가 있는 것도 같다. 여기서 움직이는 유일한 건 거대한
포크레인뿐이다. 심지어 카메라마저 최소한으로 움직인다.
클로즈업 숏이 와이드 앵글 숏으로 멀찍이 떨어졌다 다시
되돌아올 뿐이다. 그는 갈수록 더 고립되어만 간다. 그는 곧
대지의 섬 위에 서 있게 될 것이다. 수 미터의 구멍으로부터
그가 결코 빠져나올 수 없다는 사실이 점점 더 명백해지고 있다.
당시 라이브 퍼포먼스는 한 시간 반 동안 진행되었다. 우리가
보는 영상 속 퍼포먼스는 35분 동안 지속된다.

우리는 이 비대칭적인 권력관계를 어떻게 더 직접적으로
혹은 더 단순하게 전달할 수 있을까? "보지 않았습니까?"라고
갈린도가 우리에게 물을지도 모른다. 혹은 잔혹한 행위의
관객이자 목격자인 우리는 대체 어디 있었는지 물을지도
모른다. 퍼포먼스가 일어난 장소에는 보는 이가 없다.
이 엄청난 파괴를 피하기 위해 우리가 할 수 있던 것은 분명
아무것도 없었다.

그런데 왜 하필 프랑스였을까? 아마 임의적인 선택이거나 실리적인 이유 때문이었을 것이다. 갈린도는 이만한 규모의 프로젝트를 추진할 수 있는 예산과 토지를 프랑스의 한 예술 레지던시를 통해 지원받았다. 타이밍 또한 중요했다. 갈린도는 최근의 재판에서 나온 증언에 재빨리 응답해야 할 긴박함을 감지하였다. 그럼에도 불구하고 갈린도는 결코 이유 없는 선택을 하지 않는다. 그는 다시금 폭력의 고리를 연결한다. 프랑스는 인도차이나와 알제리에서 반란군 진압 작전을 진행했고 미국은 냉전의 전략적 무기를 확충하기 위해 이를 이용했다. 1954년 CIA가 뒤를 봐주던 쿠데타가 과테말라의 진보 진영 대통령 자코보 아벤즈를 쫓아냈고 그는 곧 실종되었다. '실종'이라는 단어가 우리의 어휘 목록에 새롭게 포함되었다. 자코보 아벤즈는 유나이티드 프루트 컴퍼니의 활동을 억제하고 농지 개혁을 계획했던 인물이었다. 36년간 지속된 내전의 상당 기간 미국은 과테말라 군대를 지원하였다. 전문적인 고문과 납치를 가르치기로 악명이 높았던 미국 군사 대학에서 리오스 몬트를 포함한 장교들을 훈련시켰다. 현재의 대통령 페레즈 모릴나 또한 미국 군사 대학에서 훈련받은 군 장교이다. 라틴 아메리카의 다른 나라들과 마찬가지로, 과테말라의 독재 정권이 사라졌다고 해서 그것이 곧 민주주의로의 전환을 의미하는 것은 아니었다. 신자유주의라는 야만적인 '브랜드'로의 전환이나 다름없었다. 20만 마야인이 절멸한 이후 그들은 땅을 강탈당했고 다른 곳으로 도망갈 수밖에 없는 절망적인 상황을 겪고 있다(오늘날 그 다른 곳은 미국이다). 과테말라 사람들의 땅은 이제 누구든 차지할 수 있게 되었다. 프랑스 자본의 후원을 받는 캐나다의 광산 회사들은 과테말라 땅에서 온갖 자원을 빼앗아 간다. 양동이를 한가득 채우고 또 채워서.

갈린도가 이 모든 내용을 우리에게 말로 전하고 있을까? 아니다. 그는 그저 가만히 서 있을 뿐이다. 나디아 세레메타키스에 따르면 "정지"는 "매장된, 버려진, 잊힌 자들이 사회의 수면 위에 올라 세상에 알려짐으로써 탈출에 다다르는 순간을 의미한다."[89] 갈린도의 정지 퍼포먼스는 이처럼 역사를 표면으로 드러내어 촘촘히 얽혀있는 조직망과 그 안에서 벌어지는 행위들을 미묘하게 폭로한다. 그 조직 안의 사람들은 끊임없이 재앙을 만들고 또 지속한다. 반면 이 퍼포먼스는 오직 사진과 비디오 등의 기록 자료를 통해서만 알려져 있다. 길레르모 고메즈-페냐의 "결코 일어난 적 없던 퍼포먼스의 농축된 발췌본"[90]인 사진 퍼포먼스와는 달리 갈린도의 퍼포먼스는 '사라짐'처럼 분명 행해진 적이 있던 일을 폭로한다. 대중의 시야가 닿지 않는 곳에서 진행되었기 때문에 관객은 갈린도의 퍼포먼스를 직접 목격할 수 없었다. 혹은 관객은 갈린도에게 직접 보기를 거부당했다. 그렇다면 우리는 이것을 문서 퍼포먼스로 보아야 할까? 특정한 거래나 사건을 폭로하고 있는? 아니면 어떤 범죄에 대한 증언? 혹시 대지는 더 큰 프레임을 통해서만 이해할 수 있는 것이 아닐까? 무기, 마약, 인간의 밀거래 경로를 폭로하는 한 예술가의 작품일 뿐만 아니라, 아카이브가 담지 못하는 실종과 처분에 관한 현재 진행형인 초국가적 돈벌이 사건 말이다.

대지, 갈린도의 취약한 알몸, 눈앞의 구덩이가 점점 더
커져가는 위협, 비인간적인 살인 기계의 재현 등 퍼포먼스 속
요소들은 명쾌하고도 자명한 힘을 지니고 있다. 인상적이다.
남은 이미지는 진부하지 않으면서도 즉시 파악할 수 있어야
한다. 갈린도는 작업의 형식적인 측면을 강조한다. 아마 혼돈
속에서의 삶과 그 삶 전체를 휘감은 폭력에 대한 응답일 것이다.
그가 통제할 수 있는 것은 자신이 직접 만드는 것들 뿐이다.
예술은 갈린도가 자기 몸, 상상력, 훈련, 자기 수양, 유명세를
활용하여 통제가 불가능한 정치에 개입하는 수단이다.[91]
갈린도는 예술가와 행동가의 차이를 구분한다. 행동가는 특정
사안에 맞서 시위를 벌이고 본인의 행위가 향후 결과를 바꿀
수 있을지 없을지를 가늠해본다. 반면 예술가는 이런 사안을
더 사적이고 특별한 방식으로 성찰할 수 있는 권리를 주장한다.
갈린도는 자신이 어떤 정치적 상황을 바꿀 수 있을 것이라는
환상을 품지 않는다. 그러나 그는 가장 단호한 방법으로 그
상황을 널리 알리기 위해 모든 힘을 쏟아 붓는다.

나는 예술행동가에 대해 다루는 이 장에 레지나 호세 갈린도를
포함함으로써 종종 뒤엉켜버리는 예술가와 행동가라는
두 용어 사이의 차이를 더 복잡하게 만들고자 한다. 나는 어떤
정치적 상황에 대해 순수하게 정치적이기만 한 반응은
존재하지 않는다고 믿는다. 우리 모두는 각자의 방식으로
사안에 반응한다. 그것이 사회이다. 우리는 우리를 둘러싼
전체의 부분이다. 우리가 우리 앞의 현실에 스스로 두 눈을
감을지언정 말이다. 과테말라 출신의 작가 프란시스코 골드만은
어느 한 인터뷰에서 갈린도에게 물었다. 그들의 가난한 조국은
대체 왜 이처럼 숱한 비극을 겪어야만 했을까요? 갈린도는
다음과 같이 답하였다.

"지금 나에게 과테말라가 대체 무엇을
했기에 이 모든 것을 겪고 있는지를 묻는
겁니까? 아마 더 적절한 질문은 '우리가
대체 무엇을 하지 않아서였을까'가 아닐까요?
우리는 왜 이토록 겁에 질려 있는 상태로
두려움을 견디기만 했을까요? 우리는 왜
일어나 대응하지 않았을까요? 우리는 언제쯤
이 복종적인 태도를 멈추게 될까요?"[92]

갈린도는 사회 정의를 위해 투쟁하는 사람들이 갖는 낭만주의를 피하고자 한다. 그는 투쟁을 영웅적이거나 낭만적인 활동으로만 보지 않는다. 행동가와는 달리 권력의 체계를 바꾸는 것이 자신에게 중요하다고 믿지 않는다. 이러한 기대는 되려 그를 마비시킨다. 심지어 그를 아무것도 할 수 없는 지경까지 몰아 스스로 단념하게끔 만들어 버릴지도 모른다. 2008년 그는 공간 공포라는 한 전시에 참여했다. '고발'을 주제로 한 과테말라 젊은 작가들의 단체전이었다. 범죄와 폭력으로 얼룩진 사회에 그들은 어떻게 개입하고자 했을까? 갈린도는 참혹한 전쟁 기간 동안 보안을 위해 일했던 전적이 있는 한 정보 전문가에게 돈을 지불하여 전시에 참여한 작가들을 조사하도록 지시했다. 전문가는 독재 정권에서 써먹었던 것과 같은 방법을 활용해 주소, 가족 구성원의 이름, 일과, 은행 거래 등 모든 개인 정보를 수집하여 작가별로 서류 꾸러미를 만들었고 전시장에 찾아와 그가 찾은 것들을 공개하였다. 그 서류들은 자신을 '고발자'라고 여기던 참여 예술가들이 실상 세상에 이미 알려진 사안들에 대해서만 비판의 목소리를 높이고 있었음을 드러내고 있었다. 전문가는 또한 이 예술가들이 군대나 정부에 전혀 위협이 되지 않았으며 마치 아이들이 놀고 있는 모양새와 같다는 결론을 내렸다. 갈린도를 이를 침투라는 퍼포먼스 작품으로 발표했다.

자, 그렇다면 퍼포먼스의 정치적인 힘과 효능은 과연 무엇일까? 공터의 구덩이에서 발가벗고 서 있던 갈린도는 우리가 미처 잘 알지 못한 무언가에 대해 말하고 있는 것일까? 아마도 그는 이 퍼포먼스를 통해 관객이 어떠한 문제에 대해 숙고해보는 여지를 갖는 것만으로도 충분하다 할 것이다. 그에게는 이 별난 것 없는 목표 하나만으로도 충분하다.

갈린도의 퍼포먼스는 필연적이다. 무언가 행한다는 것은 그에게 필요의 행위나 다름없다. 너무나도 많은 사람이 아무것도 하지 않음을 택한다. 행동하지 않는 것에는 여러 가지 이유가 있다. 누군가 세상은, 긴급한 상황은 무엇으로도 바뀌지 않는다고 말한다. 혹자는 해당 나라나 공동체의 출신이 아니기 때문이라는 이유를 댄다. 어떻게 감히 타인의 일에 함부로 개입하겠는가? 윤리적인가? 힘의 불균형은 사람들을 무기력하게 만든다. 누가 감히 군대가 지닌 힘에 효과적으로 대항할 수 있을 것인가? 혹은 종교의 지배에? 그러나 개입할 필요를 느끼는 사람들에게, 그리고 개입에 대해 말하는 사람들에게 이런 핑계는 먹히지 않는다.

문제는 모든 것이 행해질 수 있는가 아닌가가 아니다. 그보다는 무엇이 행해질 수 있는가이다. 그리고 그것을 어떻게 효과적으로, 책임을 느끼며, 윤리적으로 행하는가이다.

시위와 분노는 끔찍한 상황을 직면한 대중의 필수적인 사회적 반응이다. 대중의 반응에 아무런 힘이 없다면 정부가 왜 굳이 항의나 시위를 범죄 취급하는 것일까?

퍼포먼스에서 윤리에 대한 고려는 필수이다. 예술행동가는 스스로 자기 신체를 절단하거나 자신에게 폭력을 행사할 수는 있지만 동의 없이 다른 사람에게 해를 가할 수는 없다. 해고나

체포의 위험을 안고서 어떠한 일을 수행할 수는 있지만 동의가
없이 다른 사람을 곤경에 빠뜨릴 수는 없다. 행동할 수 있지만
자신의 얼굴을 감출 수는 없다. 다시 말해 예술행동가는
자신이 벌인 행동에 대한 책임을 져야만 한다. 이들이 제안하는
퍼포먼스는 어떤 행동에 대한 재현이나 모방이 아니다. 실체를
위조하는 것 또한 아니다. 그보다는 세계에 개입하고자
하는 행위이다. 이러한 퍼포먼스는 항상 결과를 가져온다.
비록 예술가들이 원하는 만큼의 힘이나 효과를 항상 얻지는
못하더라도 말이다.

III. 풀라나

앞선 두 예술행동가의 작업은 권력 체제에 대항하는 인간의
몸이 수행하는 구체적인 역할에 집중한다. H.I.J.O.S.는 여러
사람의 몸이고 레지나 호세 갈린도는 한 개인의 몸이다. 여기서
나는 마를렌 라미레즈-칸시오, 리산드로 라모스-그룰론,
안드레아 토메, 크리스티나 이바라가 2000년 뉴욕에서 결성한
라틴계 퍼포먼스 미디어 콜렉티브 풀라나에 대해 다룸으로써
아래와 같은 질문에 답하고자 한다. 이는 갈린도 또한 묻고 있는
지점이기도 하다. 끔찍한 상황을 마주한 우리는 대체 무엇을 할
수 있을까?

풀라나가 제작한 1분 길이의 퍼포먼스 비디오 암네작(2006)은
풍자적인 내용을 담은 마치 한 편의 광고와 같다.[93] 얼굴에
실망이 가득한 라틴계 중산층 여성 한 명이 아름다운 원목 부엌
조리대 앞에 서 있다. 그리고 그 위에 쌓여있는 고지서들을 보며
어쩔 줄 몰라 한다.

풀라나의 암네작 속 레이첼 멘데즈.
영상 스틸컷: 작가 제공

amnezac©

amnescilin/atrocitate oblivium
20mg tablets

The Most Powerful Anti-Historiamine on the Market™

이라크 전쟁:
2003년 미국이
영국과 합동으로
이라크를 침공하면서
발발해 2011년에
공식적으로 막을 내린
전쟁이에요. 당시 미국의
대통령이던 조지 W. 부시는
이라크를 '악의 축'으로
규정하며 이라크가 보유한
대량 살상무기를 폐기하고
사담 후세인 정권을 교체할
것을 요구하였습니다.
대외적으로는 세계 평화와
테러 방지라는 명분을
내세웠어요. 그러나
무기는 결국 발견하지
못한 채 10만 명 이상의
무고한 이라크 사람들이
희생되어 많은 비난을 받은
전쟁입니다.

∙ ∙

풀라나, 암네작: 시장에서 가장 강력한 항역사 화합물

이라크를 침공한 미국과 아부 그라이브 교도소에서의 고문 모습이 담긴 이미지들이 주인공을 괴롭힌다. 이 병치된 이미지들(이라크-파나마처럼)은 오늘날의 폭력이 라틴 아메리카를 겨냥했던 과거 미국의 폭력을 떠올리게 한다는 것을 암시하고 있다. 영상의 배경에서 한 목소리가 묻는다. "이라크 전쟁이 라틴 아메리카 나라들을 침략한 미국을 떠올리게 합니까? 당신의 나라 또한 포함해서요." 이미지 속 시위자들의 겉모습은 영상 속 주인공과 무척 닮았다. 시위자들은 군대에 맞선 채 서 있고 몇몇 젊은 사람은 잔인하게 끌려가고 있는 중이다. 주인공은 이 문제적인 이미지들을 마음에서 지워버리기 위하여 의연하게 고통을 참는다. 쳐다보지 않으려 애쓴다. 배경의 목소리는 이러한 불안이 쇼핑을 하고 세금을 내는 마땅한 "애국적 의무"를 방해하고 있으며, 이를 통제하기 위하여 무엇인가를 해야한다고 제안한다. 결국 시민들은 힘을 갖지 못한다. 그들은 '세계와 얽힌 사건들'을 변화시킬 수 없다. 행동이 아닌 회피야말로 주인공이 지닌 시민의 의무이다. 이 사유화 시대에 부엌은 그가 소유한 투쟁의 무대, 아니 그보다는 도피의 무대가 된다. 한편 라틴 아메리카의 독재자들, 아부 그라이브 교도소, 거대 석유 기업인 할리버튼의 이미지는 억압적인 역할에 머물기를 거부한다. 정치의 스타일이 바뀌었다. 무장한 군대와 함께 행진을 벌이던 권위적인 군 지도자들은 이미 한물갔다. (아부 그라이브 교도소와 같은) 나쁜 것은 낮은 계급의 비열한 군인들의 탓이 된다. 할리버튼과 같이 얼굴 없는 기업이 뒤에 숨어 이를 진두지휘한다. 이처럼 범죄 정치의 새로운 스타일이 등장했음에도 불구하고 트라우마를 유발할 만큼 잔인한 이미지들은 여전히 주인공의 일상에 침범하며 괴로움을 유발한다. 진단: "당신은 역사를 기억하는 염증(Historical Memoritis) 때문에 고통받고 있을지도 모릅니다." 역사에 대한 기억이 곧 불붙어 타버린다. 이 염증은

폭력, 부패를 지나치게 왜곡한다. 사람을 과도하게 예민하게
만든다. 과거 사진을 떠올리는 것은 '인지 장애'가 된다. 보지
않는 편이 낫고, 작은 실마리들을 연결하여 결론을 도출하고자
하지 않는 편이 더 낫다. 기억을 차단하라! 사람들은 자기
자신의 웰빙을 위해서라면 기꺼이 행위자가 된다. 광고는
이렇게 제안한다. "이라크가 당신을 머뭇거리지 않도록 하세요!"
걱정 없이, 심지어 행복하게 삶을 살아야 한다는 절박함이
사회적 책임보다 우선한다. 이 주문은 육체와 정신이 책임져야
할 것으로 묘사된다. 주인공은 얼굴을 잔뜩 찌푸린 채 웅크려
있다. 분명 고통을 겪고 있는 모습이다. 해결은 간단하다.
"암네작: 시장에서 구할 수 있는 가장 강력한 항 역사 화합물."
이 라틴 용어가 모든 것을 설명한다. 암네실린(amnescilin),
아트로시테이트 오블리비움(atrocitate oblivium). 유도
건망증이라는 뜻의 암네작은 잔혹한 과거 행위에 대한 기억을
지워 버린다. 반역사, 반기억. 퍼셉티사이드는 무척이나
'미국'적인 방식이다. 약을 먹은 주인공은 다시금 유쾌하게
쇼핑을 시작한다. 비록 광고가 "아무 생각 없는 소비주의,
가혹한 외국인 혐오, 심각한 탐욕, 세계 불평등에 대한
무지"라는 부작용을 포함할 수 있다며 경고를 날리고 있음에도
불구하고 말이다.

이 뛰어난 풍자는 심오한 진실을 다루고 있다. 미국에서는 정치적, 경제적, 사회적인 현안들은 그저 '사건'이나 '정치'로 축소된다. 그리고 문제는 개개인의 몸으로 거주지를 옮겨 증상으로 나타난다. 어떤 문제가 제 자리를 벗어나 개개인의 몸으로 이동하는 장소 이탈은 (라틴 아메리카, 중동 등 여러 곳에서) 계속 반복되는 미국의 착취 시나리오를 감춰주고 결국 문제를 한 개인의 탓으로 돌린다. 고통은 개인의 문제일 뿐이다. 행위의 주체가 국가에서 개인으로, 또 시민에서 소비자로 이동한다. 자신이 연루된 사건을 변화시키는 것보다는 더 나은 기분을 느끼고자 하는 것만이 책임으로 남는다. 신자유주의의 한 부분인 사유화는 고의적인 외면, 능동적 무지로 이어진다. 이는 '바보(idiot)'가 어원적으로 '사적인 사람(private person)'과 이어져 있음을 상기시킨다.[94] 정치적 몸에서 사적인 몸으로 전환하는 과정에서 병리학적 치료라는 경로를 거친다. 암네작이 한데 모은 이미지들은 대기업, 대형 제약 회사, 군사 산업 단지가 사람들의 눈에 띄지 않기 위해 얼마나 애쓰고 있는지를 여실히 보여준다(할리버튼 옆에는 유나이티드 프루트 컴퍼니 사진이 놓여있다). 역사 속 식민주의적 관행이 겹겹이 쌓인 층들이 평평해진다. 광고 속 주인공은 마치 자신의 기억 자체를 억누르려 애쓰는 듯이 손으로 부엌 조리대 위에 놓인 고지서들을 내리누른다. 대형 제약회사는 그저 그를 돕고자 할 뿐이다. 어두운 생각과 기억은 더 이상 존재하지 않은 채 그에게는 평온한 가정만이 남아있다. 쇼핑백 속 경제는 미국이 이라크 침공에 쓴 비용 따위는 고려하지 않는다. 외상 후 심리적 스트레스 장애, 불안 장애, 트라우마 등과 같은 사회적 외상은 비용에 포함되지 않는다. 성조기가 군인을 전쟁으로 이끄는 동안 성우의 목소리는 우리 혹은 애국자 '당신'이 이라크를 잊고 쇼핑하도록 부추긴다. 전투는 '사물'의 안팎에서 벌어지는 일에 불과하다. 빌 브라운은 신발이나 그 밖의 사물을 예시로 들며 이를 "정치의 물질화"라고 지칭하였다.[95]

암네작은 아메리카 대륙에서 물건과 자원이 불균등하게
분배되는 방식뿐만 아니라 아픔, 고통, 트라우마가 삶의 일부로
유입되어 잔류한다는 점 또한 지적한다. 폭력은 불균등하게
분배된다. 더 큰 사회 정치적 범주에서 또한 전이의 증거가
드러난다. 몇몇 국가들은 탐욕스러운 전쟁이나 약물 중독 같은
문제를 가지고 있고, 다른 나라들은 이 문제로 인한 증상을
겪는다. H.I.J.O.S와 갈린도가 우리에게 보여주듯이 라틴
아메리카 사람들은 미국이 주도한 침략, 약탈 등의 제국주의
정책으로 인해 고통받는다. 암네작은 제국의 동력이 욕망을
만들고 만족을 얻는 것에 있음을 강조한다. 나쁜 일들은 미국이
아닌 다른 국가들에서 발생한다. 왜냐하면 우리 미국인들은
쇼핑을 통해 멋진 부엌, 싼 옷, 신발 같은 좋은 것들을 소비하길
원하기 때문이다. 쇼핑 테라피와 대형 제약회사는 소비자를
달래 경제가 원활하게 흘러갈 수 있도록 여러 가지 기능을
수행하며 전쟁을 우리와 관련 없는 것으로 치부해버린다. 반면
소비자의 애국적 의무인 쇼핑과 세금 납부는 전쟁이라는 기계에
윤활유를 뿌린다. 이 기계는 꼭 이런 사람들을 목표로 삼는다.
트라우마의 영향을 줄이기 위해 쓰는 돈은 트라우마를
일으킨 폭력을 돕는 데 다시금 사용된다. 불안에서 웰빙까지,
단순해 보이는 이 서사의 포물선은 실상 매우 잔인한 원을
그리고 있다.

다른 예시들과 마찬가지로 여기서 또한 맥락이 곧 전부이다.
풀라나의 영상 작업은 비판을 위한 '배달 서비스'같다. 이는
소비자를 만들어 말을 듣도록 꾀어내는 배달 시스템인 대중
매체를 패러디한 것이다. 군사-산업-엔터테인먼트-제약
시스템의 일부인 텔레비전 광고는 정치를 순전히 개인의 것으로
치환하고 일반 대중의 바람직한 행동이 무엇인지를 넌지시
제안한다. 풀라나의 이 비디오 퍼포먼스는 예술 개입을 위한
완벽한 형태를 보여주고 있다.

IV. 예스맨

(자크 세르빈, 그리고 이고르 바모스라 불리는) 앤디 비츨바움, 마이크 보나노는 신원 정정하기라고 그들이 직접 이름 지은 방법을 활용해 기업가나 대변인 등 권력을 지닌 사람들을 패러디하는 예술행동가 예스맨으로 활동한다. 신원 정정하기는 "일류 범죄자를 공개적으로 망신 주기 위해 그들을 흉내 내고, 기자들에게 중요한 사안을 다룰 핑계를 제공해주기" 위함이다.[96] 1999년부터 예스맨은 여러 기관의 대변인을 사칭하며 온갖 종류의 문제를 일으키고 다녔다. 다우 케미컬의 대변인이 되어 BBC 뉴스아워에 출연하기도 했고 할리버튼과 미국 상공회의소의 대변인 흉내를 내기도 하였다. 두 사람은 "다우 케미컬이 인도 보팔에서 일어난 재난의 피해자에게 보상을 해 줄 것이다."라고 말하는 등 특정 기업들이 드디어 옳은 일을 한다거나 미국 상공회의소가 환경에 관한 입법을 지지할 것이라는 등의 거짓된 희망을 사람들에게 심어 주었다.[97] 만약 방송에서 한 공언이 실은 거짓이었음을 기업들이 서둘러 정정한다면 그들은 결국 애초에 옳은 일을 할 의도가 없음을 만천하에 알리는 소위 '의사 결정 딜레마'에 빠지고 만다. "해도 망하고 안 해도 망한다." 행동가들로서는 더할 나위 없이 유리한 상황이다. 표적이 된 기업들은 그들이 무엇을 하기로 택하든 우스꽝스럽게 보이고 만다. 상공회의소는 예스맨에 너무 화가 난 나머지 그들을 고소하기까지 하였다.[98] 소송이 계속해서 늘어지자 상공회의소는 마침내 고소를 취하하였다. 그리고 예스맨은 그들이 소송을 접었다는 이유로 다시 상공회의소를 고소하였다. 다우 케미컬은 이런 함정에 빠지기에는 너무 요령이 넘쳤기에 고소 대신 스파이를 심어 예스맨의 활동을 지속적으로 파악할 수 있도록 조처를 해 놓았다.

290

세르빈(앤디 비츨바움)은 아름다운 곤경: 혁명을 위한 도구 상자에 다음과 같은 글을 적었다.

> "기계가 어떻게 작동하는지를 이해하려
> 할 때는 그 내부를 밖으로 드러내는 게 도움이
> 된다. 타인을 희생해 자신을 풍요롭게 하는
> 권력자나 기업에도 이는 똑같이 적용된다. 힘
> 있는 기관의 허를 찌르기 위해, 즉 그들이 해야
> 하지만 실제로 하진 않는 아름다운 일들에
> 대해서 당신이 그들을 대신해 말함으로써
> 잠깐이나마 그들을 공공의 시야에 노출시킬 수
> 있다. 그 대상이 어떻게 작동하고 있는지를 모든
> 사람들이 주시하게 함으로써 그들이 어떻게 더
> 잘 대응할 수 있을지를 파악할 수 있다."

이게 바로 신원 정정하기다. 내부가 어떻게 작동하는지, 그 방식을 사람들이 지켜볼 수 있도록 외부로 드러내는 일이다. 실습을 하려면 먼저 표적을 정하라. 미쳐 날뛰는 곳 하나를 찾아 그들이 말할 수는 있지만 결코 하지 않을 어떤 사실 하나를 떠올려라. 엄청난 재미를 불러일으킬 만한 것 말이다. 당신이 말할 것은 둘 중 하나이다. 기업의 홍보팀이 없을 때 그들이 할 말, 아니면 기적이 일어나 그 표적이 정말 옳은 일을 하기로 결심했을 때 할 말. 전자는 겸손한 제안이고 후자는 정직한 제안이다. 권력에게 진실을 말하는 대신, 퀘이커 교도들이 제안했던 것처럼 당신은 권력의 가면을 쓰고 더 큰 진실을 말할 작은 거짓말을 하는 것이다."[99]

예스맨은 우리에게 "때로는 진실을 드러내기 위해서는 거짓말을 해야 한다."라고 조언한다.

예스맨의 부속 연구 기관인 예스랩은 2011년부터 헤미의 소속이
되었다. 자크 세르빈은 뉴욕대학교의 교환 교수로 머물기도
하였다. 헤미의 여름 강좌 일환으로 예스랩은 멕시코 치아파스
지역의 산 크리스토발 데 라스 카사스에서 '예술과 저항'이라는
수업을 2010년, 2011년, 2013년 세 차례에 걸쳐 진행하였다.
예스랩은 주로 거리 시위를 연출하였고 함께 가르치던 헤수사
로드리게스가 이를 주도하였다. 당시 우리는 멕시코를 유전자
변형 옥수수 재배 실험용 부지로 삼았던 몬산토 기업에
대항하고자 거리 행동을 두 번 정도 조직하기로 하였다. 대부분의
행동가가 주장하듯이 유전자 변형 농산물은 지역 농부들을
가난하게 만들며 또 우리의 건강에 해를 끼친다. 또한 농작물의
다양성, 환경, 그리고 여러 농업 행위들과 함께 유기적으로
발전해온 문화를 위협한다. 메소 아메리카인들은 만 년이라는
지난 세월 동안 옥수수를 개발해왔다. 심지어 그들은 자신을
'옥수수의 사람들'이라 여긴다. 수많은 국가가 유전자 변형 작물
심기를 비난하며 원산지 국가를 위협하는 행위라고 취급하였다.[100]

2013년, 아메리카 대륙과 세계 전역에서 몰려온 35명의 참가자는
거대하고 추잡한 몬산토에 대항하여 옥수수의 사람들이라는
거리 퍼포먼스를 멋지게 선보였다. 몬산토 역할을 맡은 사람은
턱시도를 입고 실크 모자와 돼지 가면을 썼다. 여러 국기를 팔에
두른 드랙 퍼포머는 흠모하는 조국 멕시코를 거닐며 몬산토의
지갑에서 떨어지는 동전을 줍기 위해 혈안이 된 연기를 펼쳤다.
멋진 바디 페인팅으로 온몸을 뒤덮은 '옥수수의 사람들'은 옥수수
신에게 노래를 부르고 춤을 추었다. 관객을 앞에 두고 진행하던 이
퍼포먼스는 막바지에 이르러서는 마을 대성당 앞에서 다 함께 배구
경기를 펼치는 것으로 마무리되었다. 어린 마야 소녀는 몬산토
팀을 물리치는 공을 던져 큰 박수와 기쁨의 함성을 자아냈다.

한편 2013년에는 무언가 다른 일이 벌어졌다. 자크 세르빈은
우리와 함께 이 수업에 참여하면서 나를 포함한 다른 참여자들,
그리고 마을의 몇몇 사람들과 함께 이 개입을 인터넷으로 옮기기로
결심했다. 수업과는 아무런 상관이 없었다. 하지만 우리는 당시
치아파스에 있었으며 나는 자크 세르빈과 함께 맥주를 마시고
있었을 뿐이다. 글쎄, 당시에는 좋은 생각인 것 같았다.

며칠 안에 우리는 인터넷 행동을 준비하기 시작했다.
예스맨의 기존 방식에 따라 우리는 몬산토의 것인 척하는 가짜
웹사이트를 열었다. 당시 몬산토는 멕시코 농업 사무국인
사가르파에 유전자 변형 옥수수를 영리적으로 심을 수 있도록
허가를 요청한 상태였고 그 요청에 대한 응답이 곧 발표될
예정이었다. 가짜 몬산토 웹사이트에 올린 우리의 보도
자료에는 요청이 잘 받아들여졌으며 몬산토의 이익이 결실을
보는 데 귀중한 도움을 준 멕시코 정부의 모든 사람에게 감사를
표한다는 내용을 담았다. 물론 우리는 그들의 이름을 하나씩 다
나열하였고 공식 성명에 모두 참조를 걸었다.

News Releases

Mexico Grants Monsanto Approval To Plant Large-Scale GM Corn Fields

Company Addresses Opponents' Concerns With Museum, Seed Vault Initiatives

MEXICO CITY (Aug 14, 2013): The planting of genetically modified (GM) corn fields on a large commercial scale has been approved by the Mexican Secretariat of Agriculture (SAGARPA). The permit allows the planting of 250,000 hectares of three varieties of GM corn (MON-89034-3, MON-00603-6 and MON-88017-3) in the states of Chihuahua, Coahuila and Durango. This is the first time GM corn will have been planted on a large commercial scale in Mexico.

"We are very grateful to the Mexican government for the precautionary measures it has instituted and the seriousness with which it enforces them," said Manuel Bravo, President and Director of Monsanto Mexico. "We wish to thank those responsible for this decision, in particular the President of the Republic, Lic. Enrique Peña Nieto; Enrique Martinez y Martinez of SAGARPA; as well as all the government institutions that are part of the Intersecretarial Commission on the Biosecurity of Genetically Modified Organisms (CIBIOGEM)." (Refer to full list below.)

"Profound steps forward are always accompanied by concerns," noted Gerald A. Steiner, Monsanto's Vice President for Sustainability and Corporate Affairs. "This is natural, and it is natural that we would make every effort to address those concerns. We are proud of our cultural and scientific initiatives in this respect."

One such initiative is the National Seed Vault (Bóveda Nacional de Semillas, BNS), whose charter is to safeguard the 246 native Mexican corn strains from ever being fully lost. The BNS will also include a Maize Varieties Tasting Center (Centro de Degustación de Variedades de Maíz, CDVM), where people can sample many varieties of native corn, as well as 30 varieties of GM corn. The BNS will also make native varieties available to environmental education and preservation groups in Mexico and elsewhere, as well as to eco-gastronomy chefs worldwide.

"The BNS is a great solution to concerns about the contamination of native strains," said a statement by the Mexican Association of Concerned Scientists, a group formed in 2011 in order to address concerns about the distribution of biotechnology in Mexico. "It guarantees that our rich agricultural patrimony will survive for all time."

Additionally, Monsanto is funding the Codex Mexico (Codice México), a digital archive preserving the vast wealth of Mexican culture for centuries to come.

"The Codex Mexico is a visionary initiative that will allow future generations of children to know far more about our lives today than we know of our pre-Columbian ancestors," noted forensic anthropologist Marcelo Rodríguez Gutiérrez. "Never again will the wealth of this region's culture be lost as social conditions change."

August 13 marks the traditional Mexican birthday of corn. "Monsanto is honored to inaugurate a revolutionary new era in the 4500-year history of Mexican corn," said Bravo. "Even as we preserve this rich history, we will be able to provide many farmers the opportunity to dramatically increase their industrial profitability."

293

예스 랩이 만든 가짜 몬산토 웹사이트.
사진 출처: YesLab.org

멕시코 시티

(2013년 8월 14일)

멕시코 농업 사무국(사가르파)은 유전적으로 변형된 옥수수를 상업적 규모로 땅에 심는 것을 승인한다. 세 품종의 변형 옥수수(MON-89034-3, MON-00603-6, MON-88017-3)를 치후아나, 코오훌리아, 두랑고 주에 걸친 250,000 헥타르의 땅에 심는 것을 허가한다. 유전자 변형 옥수수가 대규모로, 영리 목적으로 멕시코에 심기는 첫 번째 사례이다.[101]

우리는 보도자료에 몬산토가 유전자 변형 농산물로 인해 멕시코의 다양한 옥수수 종이 오염되거나 대체될 거라고 비판하는 사람들에 대해 인지하고 있으며, 이와 관련해 특정 조치를 취할 것이라는 발표 또한 보태어 적었다. "관련 조치 중 하나는 246개의 토종 멕시코 옥수수 품종이 완전히 사라지지 않도록 보존하는 국립 씨앗보관소의 설립이다." 우리가 느끼기에 "완전히" 사라진다는 문구는 꽤 괜찮은 선택이었다.

우리는 또 다른 조치로, 장차 멕시코 문화의 광대한 부를 보존하고자 "코디세 메히코, 즉 멕시코의 사본이라 불리는 디지털 아카이브의 조성"을 요구하였다. 포렌식 인류학자인 마르셀로 로드리게즈 구티에레즈는 다음과 같이 말했다. "코디세 메히코는 미래 세대의 아이들이 오늘날 우리의 삶에 대해 더 많은 것을 알 수 있게끔 하는 선구적인 계획으로, 우리가 콜롬비아 이전의 조상에 대해 알고 있는 것보다 더 많은 것을 전달할 수 있다. 사회적 조건들이 변화함에 따라 이 지역의 문화적 부를 잃는 일은 결코 다시는 발생하지 않을 것이다." 이 새로운 도발은 지난번보다 더 친절했고 덜 파괴적이었다.

이 장난에 대꾸하거나 무시해야 하는 결정 딜레마에 놓인
몬산토. 응답하기까지 그리 오랜 시간이 걸리지 않았다. 20분이
채 안 걸려서 그들은 우리에게 이 가짜 웹사이트를 내리라는
전화를 걸어 왔다. 그들은 즉시 부인하는 내용의 보도자료를
뿌렸다. 지난 보도자료에 있는 어떤 것도 사실이 아니라고
말이다. 그래서 우리는 요구대로 우리의 부인 성명을 다시
발표하였다. 지난 보도자료는 전혀 사실이 아니며, 이로 인해
대단한 혼란을 초래하고 있다고 말이다. 유전자 변형 농산물
현안과 관련해 퍼져있는 행동주의를 고려하며 우리는 몬산토가
조금 전 사그라파에 보낸 이메일을 유출하였다. 이 혼란에
대해 사과하면서 향후 잘 처리하겠다고 약속하는 내용이었다.
몬산토는 기밀 유지의 필요성에 대해 반복적으로 언급하였다.

2013년 9월 13일, 몬산토는 뉴욕대학교 총장에게 연락해 거리 시위와 인터넷 행동에 대해 불만을 토로하였다. 그들은 우리의 수업에 대해 인지하고서 강의 계획서를 읽고, 뉴욕대학교와의 관계를 이해하고 싶어 했다. 그들은 또한 뉴욕대학교의 사과를 받아내고자 했다.

이 드라마는 2013년 가을 학기 내내 우리를 따라다녔다.

뉴욕대학교는 세르빈과 나를 심문하였다. 윤리 규범, 학문적 자유, 이익 충돌과 같은 문구들이 등장했다. 명백히, 우리의 행동은 우리 둘 모두를 잘못된 방향에 각각 세워 놓았다.

우리는 인터넷 행동이 뉴욕대학교와는 아무런 관련이 없다는 점을 강조했다.

우리는 몇 가지의 질문을 던졌다.

몬산토가 항의하고자 하는 것은 무엇일까? 거리 시위인가 아니면 인터넷 행동인가?

거리에서의 흉내 내기는 온라인에서의 흉내 내기와 어떻게 다른가?

우리의 행동이 어떻게 몬산토에 해를 주었나? 정말로? (이건 그냥 놀이였다.)

제도 속에서 그리고 그 가장자리에서 행동주의가 행해질 때의
한계를 논하는 컨퍼런스를 뉴욕대학교에서 여는 게 더 멋지지는
않았을까?

위반으로 취급당한 우리의 행동에 대해서도 의문이 들었다.
이익 충돌? 우리가? 나는 한때 몬산토에서 중요한 직책을
맡았던 뉴욕대학교의 한 관계자에게 물었다. 윤리 규정의
위반? 윤리를 정의해 보시오. 환경을 오염시키고 인간에게 해를
끼치는 것? 보아하니 몬산토는 그들이 행한 잘못된 일들에 대해
반박하기 위한 무한한 자원과 전략을 지녔다. 교수인 우리가
자신을 방어하기 위해 가진 것이라곤 학문적 자유뿐이었다.

몇 번의 의견 교환을 통해 본 바, 여름 수업과 공식적으로
연계되었던 거리 시위는 실상 몬산토를 방해하지 않았다.
누구 하나 그 질문에는 답하지 않았다. 치아파스 거리에 있던
사람들은 딱히 몬산토의 근심이 될 수 없다는 것을 깨달았다.
반면 (몬산토에게 허가를 내주는 것을 고려했던 사람들을
포함한) 훨씬 더 많은 관객에게 닿을 수 있는 인터넷에서의
행동이야말로 그냥 웃을 만한 일이 아니었다.

그래서 계속되었다.

2013년 10월, 멕시코시티의 한 판사는 사가르파가 몬산토에 유전자 변형 옥수수를 실험용, 시범용 혹은 상업용으로 심을 수 있는 어떠한 허가도 금지한다는 판결을 내렸다.[102] 최근의 법원 판결 또한 이를 거듭 강조하였다.[103] 이어진 여러 법원 판결에서도 중앙 아메리카에 유전자 조작 옥수수를 심는 것을 금지하였다.

우리의 인터넷 행동이 과연 효과적이었을까? 우리가 정말 몬산토의 계획을 무마시킨 걸까? 우리는 그렇게 생각하고 싶다. 또 여전히 우리가 몬산토에 피해를 주었다는 그들의 '증거'를 기다리고 있다. 이 장난은 멕시코나 다른 국가들에서 유전자 변형 농산물을 없애기 위해 꾸준히 개입하고 있는 예술가와 행동가들의 수천 가지 활동 중 하나일 뿐이다. 그러나 다른 이들이 무언가를 하고 있다고 해서 우리가 아무것도 하지 않아도 된다는 것을 의미하지는 않는다. 우리는 나쁜 일들이 더는 일어나지 않도록 재능을 사용하는 사람들과 함께한다는 것에 행복해했다.

하지만 이 행동은 많은 이들을 결정 딜레마에 빠지게 했다. 뉴욕대학교는 몬산토에게 멀리 떨어지라고 말할 것인가? 그리고서 (내 제안이었던) 인터넷 행동이 뉴욕대학교와 아무런 관련이 없다는 점을 반복해서 언급할 것인가? 헤미는 앞으로 더 직접적인 행동과는 거리를 두어야만 할까? 헤미의 구성원들이 월가를 점령하고 몬산토에 대항하는 시위를 하고 멕시코 정부의 웹사이트를 겨냥한 DoS 공격에 참여할지도 모르는데, 우리가 이 중에서 아무것도 하지 않았다고 해야만 할까? 이 글을 쓰고 있는 지금 헤미, 뉴욕대학교, 몬산토 사이의

난제는 마치 멈춘 것처럼 보인다. 물론 몬산토는 예스맨만
뒤쫓기엔 너무나 똑똑하다. 몬산토는 그저 우리의 행동이
비윤리적이었다는 뉴욕대학교의 성명만을 원했다. 그들은
심지어 소수의 중요 인물들만이 읽을 수 있도록 그 성명의
보안이 유지되기를 바랐다. 성명이 발표되었다면, 의심할 여지
없이 몬산토는 이를 멕시코 관리들에게 보여주어 기업이 부당한
취급을 받고 있다는 추가 구실로 삼았을 것이 분명하다. 그러나
멕시코와 중앙아메리카에서 판결은 몬산토와 유전자 변형
농산물에 거듭 반대를 표명했다.

기쁘게도, 우리가 바로 역사였다.

그러나 나 또한 신원 정정하기에 연루되어 있다.

내가 진실과 권력에 대한 전술을 바꾸었을까?

그럼요, 부인!!
(Yes ma'am!!) [104]

퍼포먼스의 미래(들)

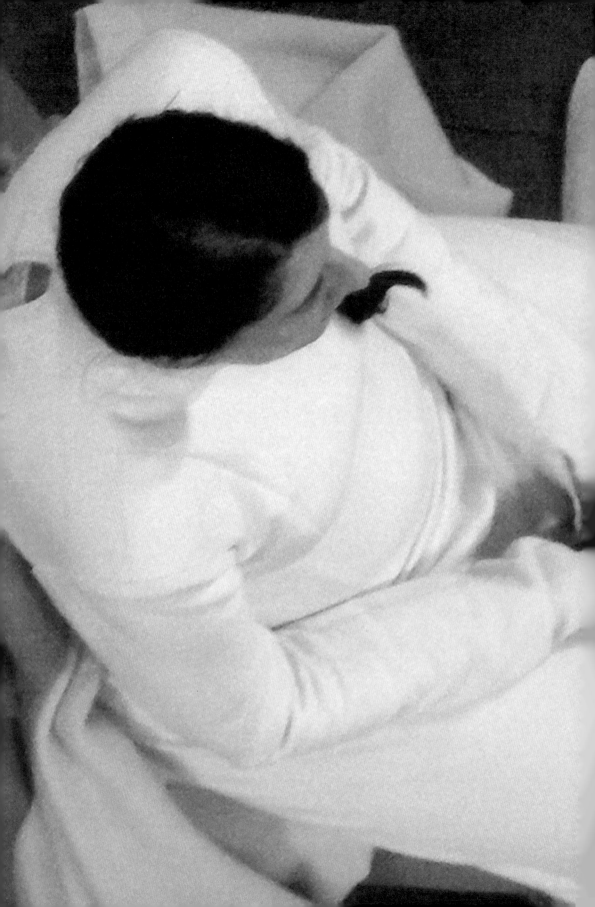

많은 사람이 퍼포먼스의 '미래'에 관해 논의하고 고민한다.

1960년대에 대한 향수일까? 전설적인 (그리고 나이를
먹은) 예술가들이 자신의 작품을 보존하는 데 관심을 갖기
시작한 걸까? 퍼포먼스 아트라는 장르는 이제 구식인 걸까?
뉴욕타임스는 휘트니 미술관에서 퍼포먼스 아트 영상을 보고
있던 한 나이 든 커플의 사진을 1면에 실은 적이 있다. 이 기사의
제목은 "퍼포먼스 아트를 회상하며"[105]였다.

퍼포먼스의 수많은 '삶'의 형태를 주목하는 이유는 수두룩하다.
여기에는 많은 장애물 또한 산재해 있다.

만약 실행된 바로 그 순간에만 유일하게 퍼포먼스가
존재한다면, 우리는 퍼포먼스를 어떻게 저장할 수 있을까?
기록물은 과거에 어떤 일이 일어났는지를 우리에게 알려줄
수는 있지만 라이브 퍼포먼스 자체를 포착하지는 못한다.
헤미같은 퍼포먼스 아카이브는 수백 시간 분량의 라이브
비디오와 디지털화된 퍼포먼스를 보존하여 누구든 쉽게 접근할
수 있도록 하였다. 향후 몇 세기 동안 연구하고 분석할 수 있을
만한 분량의 새로운 디지털 유산이다.[106] 하지만 이 아카이브는
또 다른 질문을 낳는다. 스톱쇼핑교회에서 가짜로 목사 행세를
하는 빌리 목사가 반자본주의를 향해 외치던 아우성을 500년
후의 관객은 과연 어떻게 받아들일까?

• •

스톱쇼핑교회:
윌리엄 탤런이
만들어 낸 캐릭터 빌리
목사가 뉴욕에 본부를 두고
급진적인 퍼포먼스를 선보이는
그룹입니다. 스톱쇼핑교회는
쇼프칼립스(shophcaIypse), 즉
인류의 종말이 지나친 소비로
인해 찾아올 것이라고 예고하며
스톱쇼핑 합창단과 함께 거리 퍼포먼스를
진행합니다. 빌리 목사는 1998년 뉴욕 타임
스퀘어에 위치한 디즈니 매장 앞에서 미키 마우스를
십자가에 꽁꽁 묶는 퍼포먼스로 데뷔 무대를 가졌고
이때 몇 번이고 경찰에 끌려가기도 하였어요. 그는 소비주의와
착취노동이라는 악마와 맞서 싸우자는 설교를 현재까지 활발히
펼치고 있습니다. 스톱쇼핑교회에 더 알고 싶으면 홈페이지
www.revbiIIy.com를 한번 살펴보세요!

설교 중인 빌리 목사.
부에노스 아이레스에서의 헤미 모임, 2007.
사진: 훌리오 판토하

빌리 목사는 헤미 아카이브에 있는 자신의 자료를
살펴보면서 아카이브가 살아있는 것이고 자신이 죽은 것인지,
아니면 아카이브가 죽은 것이고 자신이 살아있는 것인지
도통 모르겠다고 말한다.

한편 아카이브는 아카이브만으로도 수행할 수 있다. 영상과
사진이 새로이 퍼포먼스의 일부가 되는 경우를 여러 번
목격했다. 그 유명했던 2005년 미국 햄릿 공연에서 우스터
그룹은 '햄릿'의 고전 문헌과 1964년 브로드웨이 연극 무대
위에 선 리처드 버튼의 이미지를 나란히 무대에 올린 후 이를
17대의 카메라로 촬영해 영화로 제작하였다.[107] 실황 기록에
의의를 두는 대신, 우스터 그룹은 영화라는 새 퍼포먼스를 통해
버튼의 전설적인 공연을 (그들의 말에 따르면, 유령을 매개로)
소환하고자 하였다.

우리는 과연 이 '아카이브 수행하기'를 퇴행적인 움직임으로
이해해야 할까? 새롭고 또 획기적이기 위해서는 과거로
회귀해야한다는 증거일까? 레트로 마니아?

라이브 퍼포먼스와 이미 아카이브가 된 퍼포먼스는 끊임없이
다시:의 여러 형태와 관계를 맺는다. 퍼포먼스는 대개
일시적이다. 라이브를 포착하는 것은 아카이브의 능력을
벗어난다. 퍼포먼스의 사진이나 영상이 퍼포먼스 그 자체일
수는 없다. 하지만 아카이브가 그저 죽은 것이라거나 생명이
없는 자료들을 움켜쥐고 있을 뿐이라고 주장하는 건 아니다.
우리가 관람하는 비디오, 사진, 물건 등과 같이 아카이브에 속해
있는 자료들은 다시금 살아날 수 있다. 이 자료들을 통해 우리는
퍼포먼스가 각각의 특정한 맥락과 순간에서 어떠한 의미를
지녔었는지, 또 현재에는 어떠한 의미를 지니는지를 알게 된다.

퍼포먼스는 사라지는 것일까 아니면 머무는 것일까? 이
의문은 학계와 예술계를 비롯한 많은 영역에서 뜨거운 논쟁을
불러일으킨다. 2003년 유네스코의 가입국들은 문화적 관습의
중요성과 취약함을 인식하고 안전한 보호가 필요하다는
생각에 무형 문화유산 보호 협약을 체결하였다. 일부 사람들은
미래 세대가 '세계' 문화유산의 논리를 이해함으로써 이익을
얻게 될 것이라고 주장한다. 나는 당시 이 과정에 참여하였고
지침을 만들었다. 그러면서 동시에 생명을 '구하는' 것의
복잡성과 모순을 감지하였다. 즉, 어떠한 행위를 안전하게
보호하는 것에만 관심을 둔 채, 그 행위가 실제 인지되고
존재한 순간으로부터 분리되어 다른 순간의 다른 관객을 위해
수행된다는 것의 모순 말이다. 이것이 대체 무엇을 구하는
과정일지 나는 의구심을 품었다. 형태? 내용? 의미? 우리는
누구를 위해 이 유산을 구하고 있는 것일까?

일찍이 나는 퍼포먼스, 몸짓, 구술, 움직임, 춤, 노래 등의
행위가 몸 안에 담기는 현상을 레퍼토리라는 개념으로
설명하고자 하였다. 대개 일시적이고 또 재생산할 수 없는
지식으로 여겨지는 것들이다. 레퍼토리에서 존재함은 필수
조건이다. '거기에 존재함'으로써 사람들은 지식의 생산과
재생산에 참여하고 또 전파의 과정에 기여한다. 하지만
레퍼토리를 구성하는 행위들이 늘 일정하게 유지되지는
않는다. 레퍼토리는 '의미'에 담긴 안무를 보존하고 또
변형시킨다.[108] 나는 이 개념을 책, 문서, 뼈, DVD 등과 같이
더 전통적인 아카이브 오브제들과 연결해 논의를 발전해
나갔다. 이론적으로 아카이브는 시간의 흐름이 초래한
변화에 저항한다. 오랫동안 지식을 보존할 수 있으며 접근
또한 쉽다. 한편 비교적 안정적이라 여겨지는 아카이브
또한 시간이 흐르면서 이를 구성하는 사물들과 함께 변화를
거친다. 새로운 오브제가 아카이브에 유입되는 동시에 일부는
마법처럼 사라지기도 한다. 아르헨티나의 군사 독재는 사라진
희생자들의 사진을 국가 기록부에서 지워버렸다. 아카이브에는
현재 아무런 사진도 남아 있지 않다. 사라진 사람이 애초에
존재했다는 증거마저 소멸되었다. '5월 광장의 어머니들'은
희생자의 사진을 목에 거는 방법으로 이를 되살렸다.
어머니들은 자신의 아이들에게 삶을 되돌려 주고자 하였다.
아카이브와 레퍼토리는 종종 함께 작동한다. 비록 전달하는
방식에 있어서는 각각의 논리와 메커니즘을 갖고 있지만.

아카이브는 느린 퍼포먼스다.[109]

아카이브와 레퍼토리 모두 퍼포먼스의
여러 삶과 미래에 기여한다.

레퍼토리에 대한 내 생각은 다시:퍼포먼스라는 개념의 논리를 따른다. 리차드 쉐크너는 다시:퍼포먼스의 (예술적, 교육적, 경제적, 정치적) 갱신이라는 특정 전략과 반복의 성질을 강조한다. 항상 "두 번씩 행해진 행동"이면서 "결코 처음이 아닌" 것이다. 그렇다면 다시:퍼포먼스는 재연과 어떻게 다를까? 레베카 슈나이더에 따르면 재연은 "이전의 사건, 예술 작품이나 행위를 재생하거나 다시 실천하는 행위"[110]이다.

다시:퍼포먼스라는 용어는 퍼포먼스와 마찬가지로 비즈니스, 은행, 행정 영역에서 주로 사용된다.

예술 분야에서 다시:퍼포먼스는 원본의 정확한 복제를 의미한다.[111] 아마도 이 다시:퍼포먼스의 가장 유명한 예시는 뉴욕현대미술관에서 열린 마리나 아브라모비치의 블록버스터 회고전 작가는 여기 있다에서의 퍼포먼스일 것이다. 뉴욕현대미술관은 이 다시:퍼포먼스를 통해 "더 많은 관객에게 작가의 존재를 알리고 역사적인 그의 퍼포먼스에 접근이 가능"하도록 의도했음을 웹사이트에서 밝히고 있다.[112] 진정성, 독창성, 역사성과 같은 개념, 좋고 유명한 작품들의 정확한 재실행, 좋은 접근성은 다시:퍼포먼스의 기본 요소들이다.

2010년 아브라모비치의 회고전에서 진행된 다시:퍼포먼스의 두 예시를 살펴보자. 당시 논의가 적기는 했지만, 다시:퍼포먼스를 가장 분명히 보여주었던 것은 700여 시간을 훌쩍 넘는 전시의 총 기간 동안 뉴욕현대미술관의 마론 아트리움 테이블에 앉아 있던 아브라모비치의 생생한 존재 그 자체였다.[113]

이것은 바로 아브라모비치가 1980년대 선보였던 밤바다를 건너며 시리즈의 다시:퍼포먼스다. 당시 협업자이자 파트너였던 울라이(우베 레에시펜)와 함께 했던 작업이다. 어째서 이는 퍼포먼스가 아니라 다시:퍼포먼스로 불리는 것일까? 아브라모비치와 울라이가 테이블을 사이에 두고 침묵을 지키며 가만히 앉아 있던 지속의 퍼포먼스와도 같이, 밤바다를 건너며 시리즈 또한 강한 집중력을 요구하였다. 나아가 초인간적인 물리적, 정신적 지구력에 관한 모든 것을 보여주었다. 아브라모비치의 말처럼 이 퍼포먼스 또한 모든 퍼포먼스와 마찬가지로 "지금 그리고 여기"에서 이루어졌다.[114]

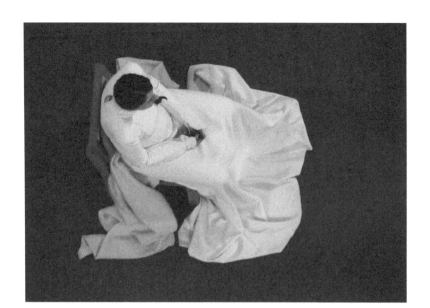

마리나 아브라모비치, 작가는 여기 있다, 뉴욕현대미술관, 2010.
사진: 아비가일 레빈

이 퍼포먼스가 가진 힘은 주변의 적막감, 본다는 행위의
강렬함과 대중적인 친밀감, 그리고 두 사람 사이, 두 사람과
다중의 온라인 관객 사이에 놓여 있었다. 아무것도 일어나지
않았다. 그러나 이 적막 속에서 아무것도 하지 않음으로써
엄청난 소모가 발생했다. 아브라모비치에게도 관객에게도,
보는 것은 곧 행하는 것을 의미했다.

사진기, 비디오 카메라, 조명은 이처럼 매우 고요하고
적막한 분위기 속에서 이뤄진 이벤트를 매우 강렬한
퍼포먼스로 탈바꿈시켜주었다. 즉, 이 모든 것은 존재하기와
보기에 관함이다.

마리나 아브라모비치, 작가는 여기 있다, 뉴욕현대미술관, 2010
사진: C-몬스터

마리나 아브라모비치, 작가는 여기 있다, 라이브 스트리밍 캡쳐 화면

아브라모비치는 '지금 그리고 여기'에 존재했다. 그리고 여러 형태의 다시:에 또한 존재한다. 현장에서 실시간으로, 라이브 영상으로, 라이브 영상 기록으로, 라이브 영상의 스틸 사진 등등으로. 이 모든 기록물은 단순히 자료나 보존이 아니다. 퍼포먼스의 일부다.

이 모든 것은 다시:퍼포먼스 속의 다시: 라는 반복 너머로까지
확장한다. 상업적인 미술계에서 정의하는 바에 따르자면 이는
새로운 '원본'이다.

미술관 6층에서는 살아있음과 존재함의 환영이 비디오,
프로젝션, 사진 등 모든 전시물에 (발산되기보다는) 주입되어
있었다. 우리는 춤추고, 소리 지르고, 말하는 예술가를 온
사방에서 보고 들을 수 있었다. 동시에 미술관이 고용하고
아브라모비치가 훈련시킨 퍼포머들에 의해 상징적인 그의
작업들이 다시 퍼포먼스화 되어 선보여졌다. 이 다시:
퍼포먼스는 회고전을 통틀어 가장 논쟁적이면서도 이론적으로
흥미로운 장면들을 연출하였다.[115] 레퍼토리의 맥락에서 보자면,
인간의 몸이 다시 다른 몸들과 연결되어 함께 경험을 공유하고
전달하고 있었다.

그러나 이것은 레퍼토리가 아니다. 라이브 행위를 되살려
전달하는 대신, 뉴욕현대미술관에서 아브라모비치가 선보인
다시:퍼포먼스는 분명 작업의 첫 번째 반복과는 반대로
흘러가고 있었다.

간단히 예시 하나를 살펴보자. 1977년 이탈리아 볼로냐에서
아브라모비치가 울라이와 함께 진행한 무중력에서, 두 작가는
미술관의 입구를 다시 지어 관객이 새 입구를 통과해야만
안으로 입장할 수 있도록 유도하였다. 그와 울라이는 입구 앞에
발가벗은 채로 서 있었다. 둘 사이의 간격이 워낙 좁았던 탓에
방문객은 통로를 지나는 동안 무조건 둘 중의 한 명은 마주
보아야 하는 상황에 놓이게 되었다. 당시 이 퍼포먼스는 예술의
수호자가 미술관이 아닌 예술가라는 생각에 기반해 만들어졌다.
예술가와 방문객 모두 이 도전적인 상황 속에서, 가끔은 어색한
그들 사이의 관계 속에서 협상을 이뤄내야만 했다. 6시간 동안
지속할 예정이었던 기존의 계획과는 달리 이 퍼포먼스는 3시간
후 급작스레 찾아온 경찰에 의해 중단됐다. 경찰은 두 작가에게
일종의 서류들을 요구하였으나 작가들은 당연히 이를 제시할
수 없었다. 1970년대의 볼로냐는 정치의 분쟁 지대였다. 예술을
지지하지 않던 경찰은 안타깝게도 유머 감각 또한 상실한 채였다.

뉴욕현대미술관에서의 다시:퍼포먼스는 볼로냐에서의 퍼포먼스와
본질적으로 매우 달랐다. 상징적인 몇몇 전례를 반복했음에도
불구하고 말이다. (성별 구분 없이) 두 명의 퍼포머가 미술관의 큰
전시장 입구에 교대로 발가벗은 채 서 있었다. 그리고 그 공간에는
아브라모비치의 이전 퍼포먼스 영상과 당시 썼던 장치들이 놓여
있었다. 볼로냐에서의 무대와는 달리 뉴욕현대미술관 전시장
입구는 훨씬 더 넓었다. 뿐만 아니라 방의 가장자리에는 불필요한
여분의 문이 마련되어 있었다. 방문객은 굳이 좁은 통로를 지날

필요도, 불편함을 느낄 필요도 없었다. 그리고 퍼포머들은 수호자 역할을 자청하지 않았다. 그들은 그저 미술관에 의해 고용되어 '원본'을 보여주는 역할만을 담당하고 있었다. 다시:퍼포먼스 옆에는 볼로냐에서의 퍼포먼스 비디오가 나란히 상영되고 있었다. 이는 현재의 공간에서 벌어지고 있는 새 작업이 지난 버전을 상기시킨다는 정도의 흥밋거리로 쓰였다. 퍼포먼스는 결코 처음의 것이 아니면서 동시에 똑같은 두 번째도 아니다. 퍼포먼스는 상업적인 미술계가 만들어낸 부가가치인 '원본'이라는 개념에 저항한다. 뉴욕현대미술관의 퍼포먼스에 참여했던 퍼포머들은 예술가로 인정받지 못했다. 그들의 퍼포먼스는 그 자체로 정당하게 평가받지 못했다. 그러한 장소 또한 부재했다. 오직 단 한 명의 예술가만이 존재할 뿐이었다.

심지어 맥락 또한 완전히 달라졌다. 2010년의 아브라모비치는 슈퍼스타였다. 그의 회고전은 당시 한 시즌을 대표할만한 대규모 상업 미술 행사였다. 어느 경찰관도 이 전시에 개입할 리 없었다. 되려 미술관의 보안 요원들이 전시장에서 행사와 퍼포머들을 보호해주었다. 뉴욕현대미술관의 직원이기도 했던 이 퍼포머들은 돌발 행동을 할 수 없었으며 정해진 기간에만 퍼포먼스를 해야 했다. 결국 이 상황은 아브라모비치 작업의 본질을 흐려놓고 말았다. 예술의 가치화와 보존이라는 미술관의 역할에 도전장을 내밀기 위해 미술관 밖에서 작업을 진행하는 대신, 이 회고전에서 선보인 퍼포먼스는 가치화와 보존이라는 역할을 오히려 미술관에 떠맡기고만 꼴이었다. 분명 퍼포먼스를 둘러싼 이해관계와 맥락은 1970년대 이래로 큰 변화를 거쳐왔다. 1973년의 첫 작업 이후부터 아브라모비치가 줄곧 매료된 "지난 시간과 현재의 시간이 하나로 합쳐진다."는 문구는 퍼포먼스의 연속성에 관한 매우 다른 두 지금을 보여준다.[116] 이 퍼포먼스의 지금은 지속이 아닌 시간의 심대한 변화만을 나타내었다. 그리고 불투명하게 만들었다.

아비가일 레빈이 지적했듯이 "다시:퍼포먼스는 퍼포먼스
그 자체가 되어야만 한다. 그리고 현재 안에서의 교환이
이루어져야만 한다. 만약 다시:퍼포먼스가 원본 퍼포먼스와의
관계에서만 효과를 발휘하게 된다면 이는 단순히 부분이 되는
것, 또 다른 문서가 되는 것이나 다름없다."[117]

문화 자본, 경제 순환, 보존의 논리로 이해하는
다시:퍼포먼스는 결코 퍼포먼스의 미래가 아니다.
그보다는 모마화(MoMAfication) 되는 것에 가깝다.[118]

퍼포먼스가 살아 있게끔 유지하는 것보다 더 유용한 전략은
퍼포먼스의 과정을 보존하는 일일지도 모른다. 아카이브를 다시
공연에 올리는 매개와 해석과 도전을 통해 되살리는 것이다.

아브라모비치의 회고전 동안 한 무명의 예술가 그룹은
작가는 여기 없다라는 제목으로 대안적인 형식의 하루 행사를
진행하였다. 그들은 아브라모비치의 상징적인 몇몇 작품들을
자신들의 언어로 치환한 퍼포먼스를 선보였다. 이 그룹은
아브라모비치의 이전 작업이 감수했던 위험 요소나 소모적인
부분을 기피하지 않았다. 그들이 발표한 성명서는 아래와 같다.

"퍼포먼스는 야생의 것이다. 퍼포먼스
아트의 핵심은 사실 예측 불가능성과 매
순간의 정직성에 놓여있다. 우리는 우리의
다시: 퍼포먼스가 성공적이었다고 생각한다.
결과가 기존의 퍼포먼스와 똑같든 그렇지
않든 상관없다. 우리는 그 작업의 기록이
기술하는 형식적인 구조를 따랐을 뿐이다."

'형식적인 구조'나 이전의 퍼포먼스를 인용하기 위한 프레이밍은 늘 흥미롭다. 폴 윌리는 마야의 노인들이 선을 이용해 노래를 임의로 나누던 방법을 설명한다. "지금부터 내가 너에게 말하려는 걸 잘 들어봐 / 이게 내가 너에게 하려는 말의 마지막이야 / 세계에서 벌어진 일들에 대해."[119] 이러한 프레이밍은 지혜의 알맹이가 고대에서 오늘날의 관객에게까지 온전히 전달될 수 있다는 환상을 내포한다. '역사적', '진실한', '진정한 가치' 등의 수식어 대신, 나는 하나의 퍼포먼스를 다른 퍼포먼스와 구분하던 마야인의 이 전략을 높이 평가한다. 이는 고대 메소 아메리카인에게 뿐만 아니라 동시대 예술 시장에서 또한 핵심적으로 작용한다. 프레임 사이에서 발생하는 (생략 아닌) 마찰은 생산적이다. 왜 하는지, 누구를 위한 것인지, 누가 결정하는지를 모두 알려주기 때문이다.

9

퍼포먼스 연구

archive

repertoires

repertoires

community

spectator

scale ↔

만약 (책과 문서뿐만 아니라) 몸이 지식을 생산하고 저장하고 전달한다는 생각을 진지하게 받아들였더라면 우리의 학문과 방법론은 어떻게 달라졌을까?

몸을 학술적 영역으로 다시 끌어오는 것은 몸을 다시 예술과 예술 실천으로 여기게 하는 것만큼이나 시급하고도 어려운 일이었다. 퍼포먼스 아트가 제도적, 문화적 장벽을 허물어가던 1960년대 후반 즈음에 비로소 학계가 학제 사이의 경계에 도전하기 시작한 것은 결코 우연이 아니다.

학자들은 여러 갈래로 접근을 시도했다. 퍼포먼스 연구는
연극학, 언어학, 커뮤니케이션학, 인류학, 사회학, 시각 예술
연구로부터 발전했다. 이 학문들과의 관계를 유지하면서도
퍼포먼스 연구는 각각이 지닌 한계들에서 벗어나고자 하였다.[120]
나는 퍼포먼스 연구가 정의 가능한 영역이 되기를 거부하고
또 학제가 되기를 거부한다는 점에 있어서 탈학제적이라고
생각한다. 퍼포먼스 연구는 (영원한) '신생' 영역이다.

퍼포먼스의 규범이 규범을 부수는 것이라면, 퍼포먼스 연구의
규범은 학제적 경계를 부수는 것이다.

체현된 사물에 관한 분석 연구가 촉발한 인식의 전환은 그간
학문이 중요시하던 정전, 연구 방법론, 분석 대상, 전문성,
지식의 출처, 전달 체계 등에 필연적인 변화를 초래하였다.
퍼포먼스 연구학과는 이론과 실무를 결합하여 고유의 방법론을
구축하였다. 내가 뉴욕대학교 퍼포먼스 연구학과의 교수로
합류하게 되었던 1997년 즈음, 이 과는 주로 미국, 영국, 호주와
같은 영어권 국가에만 개설된 상태였다. 그러나 헤미에서 일을
하면 할 수록 나는 퍼포먼스 연구라는 학문이 오직 이 학과
자체에만 국한된 것이 아니라는 점을 깨달았다. 브라질의
미나게라이스 연방대학교 소속인 레다 마틴스가 지적했듯이
말이다. "브라질에는 당신들처럼 퍼포먼스 연구에 특화된
학과가 없어요. 연극학이나 문학 혹은 인류학 같이 다른 분야를
경유하여 퍼포먼스를 다루는 학자와 작가는 있지만요."[121]

세계 각지의 퍼포먼스 연구학자들은 각자가 연구하는 분야에 대해 이해관계가 다르다. 지난 2001년부터 퍼포먼스를 연구하는 학자들을 인터뷰하여 모은 서른 가지의 답 중 일부를 발췌하여 여기 제시하고자 한다. 질문은 다음과 같았다.

퍼포먼스 연구란 무엇일까?[122]

바바라 키르쉔블랏-김블렛(뉴욕대학교)에게 퍼포먼스는 "생각을 조직하는 것"이다.

캐서린 콜(캘리포니아대학교 버클리 캠퍼스)이 말하길 "퍼포먼스 연구는 기존의 프레임을 폭파한다. 분석의 대상을 흥미롭게, 신나게, 생산적으로, 혼란스러운 방법으로 말이다."

안토니오 프리에토(베라크루즈대학교)는 "이론적 체계로서 퍼포먼스는 행위 기반의 퍼포먼스를 다룬다. 하지만 여기에만 국한되지는 않는다."고 말한다.

트레이시 데이비스(노스웨스턴대학교)는 퍼포먼스 연구를 "훈련이기보다는 대화"에 가깝다고 보았다.

헤수스 마르틴 바르베로(콜롬비아 바예대학교 커뮤니케이션학과)에게 퍼포먼스 연구는 "이론적, 방법론적, 전략적 공간이다. 이를 통해 우리는 몸을 가로지르는 수많은 갈등을 이해한다."

조셉 로치(예일대학교)는 퍼포먼스를 통해 현재와 과거를 모두 이해하고자 한다. "과거가 지속되면서 어떠한 결과를 초래한다. 퍼포먼스는 이를 이해하는 하나의 방법이다. (...) 몸짓을 거쳐,

말을 거쳐, 노래를 거쳐 생존한 역사는 지난 역사를 상상하는 데 무척이나 중요한 역할을 한다. (...) 당신이 과거 문제에 대해 인지하고, 나아가 어떤 감정을 느끼도록 유도한다."

라우라 레빈(요크대학교)은 퍼포먼스를 "의식, 춤, 대중오락, 스포츠 행사, 일상생활에서의 자아 실천과 같이 체현된 문화 행동의 다른 종류와 범위를 이해하기 위한 렌즈"로 정의한다. 그는 또한 덧붙인다. "그러나 실제로 퍼포먼스 연구를 가르치면 가르칠수록 이런 생각이 들었다. 퍼포먼스는 내가 '학제적으로 부적합'하다고 이르는 어떤 것들이 모인 집 같다고 말이다. 어느 곳에도 끼지 못하는 학자와 작가들의 피난처인 셈이다."

제카 리기에로(브라질)는 퍼포먼스 연구에 대해 다음과 같이 말한다. "퍼포먼스 연구는 국경 없는 영토다. (...) 초창기에는 시각 예술과 퍼포먼스 사이의 다리를 만들어냈다. 이후 인간사의 거의 모든 영역으로까지 확장되어 연극부터 의식까지, 공공장소에서의 축하 행사부터 일상의 재현까지도 아우른다. 이러한 관점에서라면 이제 더는 시각 예술가와 배우들만 퍼포먼스를 만드는 것이 아니다. 행인, 상점 주인, 교수 또한 가능하다."[123]

퍼포먼스라는 공동의 연구 대상을 가진 이 학자들에게 퍼포먼스는 (이해 가능할법한 가장 넓은 범위로 보았을 때) 하나의 과정이자 실천이며 인식의 대상, 전달의 방식, 어떠한 성취이자 세상에 개입하는 도구이다.

사진: 알렉세이 테일러

퍼포먼스 연구에서 흥미로운 것은 그 연구가 우리로 하여금 무엇을 하게 하는가에 있다.

퍼포먼스 연구 하기는 고정된 것이라고 여겨지는 텍스트나 영화를 연구하는 것과는 또 다른 도전을 마주하게 한다. 시간이 지남에 따라 텍스트가 변하고 (예를 들어 다른 판본, 다른 페이지, 혹은 기존 텍스트를 대체해버리는 극단적인 번역 등) 영화가 편집의 영향을 상당히 많이 받는다는 것을 이해한다 하더라도, 우리는 통상적으로 이 두 문화적 유산보다는 퍼포먼스가 덜 안정적이라고 여긴다. 이 책에서 우리는 관객이 어떤 퍼포머를 어떤 맥락에서 만나는지에 따라 달라지는 퍼포먼스의 예시들을 살펴보았다. 오늘날 미국의 독자들은 셰익스피어 시대의 영국 독자와 결코 같지 않을 것이다. 혹은 진보적 정치색이 깔린, 도발적인 성적 표현 장면이 포함된 영화를 우파 군 장교와 함께 보는 경험은 우리에게 또 다른 영향을 줄 것이다.

내가 계속해서 말했듯이, 퍼포먼스는 근본적으로 불안정하다. 나는 학생들에게 어떤 텍스트 속의 특정 구절에 집중하거나 어떤 영화 속 장면을 다시 살펴보라고 요구할 수는 있다. 그러나 내가 H.I.J.O.S.의 에스크라체를 설명할 때나 혜수사와 릴리아나의 결혼식을 떠올릴 때, 나는 학생 혹은 독자와 내가 공유하는 참조점이나 시작점이 없을 것이라 으레 짐작한다. 우리는 무대를 어떻게 구성해야 할까? 어떻게 실시간으로 일어나는 일들을 연구하면서 우리의 이론으로 소통할 수 있을까? 다른 사람들이 논지를 따라가고 스스로 판단할 수 있을 만큼 말이다. 학자들은 어떻게 분석의 대상을 프레이밍 할까? 그들은 체현된 '나', 즉 사건의 부분이기도 한 동시에 그 사건을 프레이밍 하는 주체를 어디에 위치시킬까?

퍼포먼스 연구학자들은 필연적으로 이러한 도전에 각기 다른
방법으로 맞선다. 그리고 각자의 글에 담아낸다.

여러 학자, 예술가, 행동가와 예술행동가는 세상에 개입하는
특권적인 형태로 퍼포먼스를 바라본다. 우리는 이 책을 통해
정부가 몸을 통제하고, 자본주의가 몸을 상품화하고, 거대 제약
회사가 몸을 이완시키고, 기관이 종종 몸을 수용하는 것을 보았다.
체현된 실천의 사회·정치적 효과는 이 모든 것들 너머에 있다.

설득력 있고, 퍼포머틱하고, 상징적인 체현된 실천은 권력의
구조를 공고히 하거나 분석하기 위해 혹은 그것에 도전하기
위해 활용된다.

플라톤 이래로 학자, 예술가, 행동가는 각기 자신의 영역에서만
행동한다고 폄훼됐다. 이 세 집단이 같은 문제에 주목하거나
같은 투쟁에 참여할 수는 있었어도 함께 힘을 모아 협업하는
경우는 무척 드물었다. 의혹은 모든 측면에서 충분했다.
부분적으로는, 앞서 말한 것과 같은 학술적 경계로 인해
생긴 일이었다. 학자는 그저 생각하고 말할 뿐이고, 예술가는
만들기만 할 뿐이고, 행동가는 행동하기만 할 뿐이라는
선입견도 있다. 학자가 자기 생각을 표현하기 위해 사용하는
용어 대부분은 학계 바깥 사람들에게 낯설다. 대화의 영역은
점점 작아져만 간다. 학자는 각자가 속한 기관 안에만
머물면서 자신을 가둔 채 전 세계에서 벌어지고 있는 갈등의
실체로부터는 멀리 떨어져 있다고 비판받는다. 예술가가
굶주리고 행동가가 거리에 나서 자기 삶을 위험에 빠뜨리는
동안 학자는 그저 대학의 지원을 즐기기만 한다는 비난이
이어진다. 의혹은 많다. 표현의 방식은 다양하며 행위의 영역은
대개 분리되어 있다.

학자행동가(activist-academics) 그룹은 대화를 촉진하고자
아메리카 대륙에 흩어져있는 학자, 예술가, 행동가를
불러 모아 1998년 헤미를 설립하였다. 2000년 브라질
리우데자네이루에는 20개국에서 온 약 120명의 학자가
저마다의 산재한 문제를 공유하였다. 참여 명단은 계속해서
늘어났다. 미국의 재단으로부터 지원을 받았다. 이는
자본주의적이자 제국주의적인 모험이었다. 우리 모두가 말을
나누지는 않았으며 또 같은 언어를 사용하지도 않았다. 어째서
모든 게 번역되지 않았을까? 예술행동가들은 왜 학자를 이
집단에 포함해야만 하는지 물었다. 직접 행동하면서 몸으로
세상의 문제에 개입하는 사람들과 학자는 아무런 관련이 없다고
생각했다. 그렇다면 여기에서 또한 피할 수 없는 질문 하나가
남는다. 퍼포먼스란 대체 무엇일까?

20년이 지난 지금까지도 이 대화는 계속 이어지고 있다.
정작 까다로운 문제들에 대해서는 논의가 뜨거워지지 않았다.
아메리카 대륙 전역에서 모인 여러 참여자가 다양한 방식의
교류를 유용하게 받아들이면서 현재 이 네트워크는 조금 더
풍부해졌다. 그러나 여전히 우리는 서로를 완전히 이해하지
않는다. 앞으로도 우리는 결코 서로를 완전히 이해하지 않을
것이다. 이는 우리가 구획된 분야 밖에서 일하기 위해서
필수적으로 갖춰야 할 조건이기도 하다. 우리는 언어, 지리,
학문, 경제 등 많은 분열을 뛰어넘어 소통하고자 노력한다.
이는 우리 모두에게 무척이나 생산적인 도전이다. 또한 우리
학자들은 예술행동가들에게 이렇게 답한다. 체현된 실천이
우리 학자들과 아무런 관련이 없다고? '몸'의 개념에 얽힌
여러 문제들에 대해 언급하기 시작한 것이 바로 우리다. 몸은
단일하게 고정된 것이 아니다. 젠더, 성, 인종, 나이, 사회
계층과 같은 관념들이 바로 몸을 구성하는 방식이라는 것을
최근에서야 예술가와 행동가들이 당연하게 받아들이기
시작했다. 그러나 이 생각은 우리 학자들이 이렇게 제안하기
전까지 명백하지 않았다. 우리는 곧 퍼포먼스와 얽혀 일하는
우리 모두가 이 협업에 보탤 무언가를 갖고 있다는 사실을
깨닫기 시작했다. 우리는 갈등이 있는 곳 주변으로 모여들었다.
뉴욕의 주코티 광장과 멕시코 시티의 소칼로 같은 구체적인
장소들에서 투쟁이 벌어지곤 했다. 뿐만 아니다. 멕시코의 저항
결사 단체 사파티스타를 위해 민족국가를 설립하자는 논의나
온라인 행동주의를 주창하는 예스맨처럼 훨씬 더 광범위하게
분산된 장소에서 이러한 투쟁이 일어났다.

사파티스타 민족 해방군:
1994년 발효된 북미자유무역협정에 반대하고자 멕시코에서 일어난 운동이자 단체입니다. 북미자유무역협정은
캐나다, 멕시코, 미국 간에 이뤄진 협정으로 관세 없이 상품을 사고팔 수 있도록 하는 제도예요. 미국의 자본과
기술, 캐나다의 풍부한 천연 자원, 멕시코의 값싼 노동력이 글로벌 시대에 경쟁력이 있다고 여긴 것이죠.
사파티스타는 멕시코 남부 치아파스주의 마야 토착민을 중심으로 조직되었으며 정부, 기업, 농장주가
아닌 농민이 토지를 소유해야 한다고 외치며 자원과 노동 착취에 반대하는 운동을 펼쳐오고
있습니다. ● ●

퍼포먼스 연구 같은 탈학제적 영역이나 헤미 같은 네트워크 안에서 우리는 끊임없이 논의를 이어간다. 퍼포먼스를 정치적 행위로 규정해야 하는 것인지 혹은 정치적인 것은 늘 퍼포먼스인 것인지. 우리는 퍼포먼스와 각기 다른 관계를 맺는다. 누군가는 퍼포먼스의 생산과 수용에, 또 개입의 형태 그 자체에 관여하기도 한다. 보알이 단언하였듯이, 연극(나는 이것을 퍼포먼스로 대체하고 싶다.)은 매우 강력한 무기이다. 때문에 우리는 이 무기를 얻기 위해 싸워야만 한다. 이 힘은 누가 왜 휘두르는지가 중요하다. 퍼포먼스는 또한 과거에 발생했던 행위들을 인지하는 렌즈 역할을 하기도 한다. 우리는 아메리카 대륙을 가로질러 국경을 넘는 이주의 특정 경로를 음악, 춤, 축제를 추적함으로써 파악할 수 있다. 실천으로서의 퍼포먼스는 소통의 도구 역할을 한다. 행동하고, 행동을 함께하고, 영향을 주고 상상하는 행위로서의 퍼포먼스는 우리에게 더 나은 시나리오와 미래를 구상할 수 있도록 한다. 호세 에스테반 무뇨즈가 이렇게 열변했다. "누군가는 이렇게 말할지도 모른다. 우리가 지금 가진 것이라곤 지금 이 순간의 즐거움뿐이라고. 하지만 우리는 결코 이 도취에 안주해서는 안된다. 우리는 더 새롭고 좋은 즐거움, 이 세상 속에서 다르게 존재하는 법, 궁극적으로는 새 세상 속에서 존재하는 법에 대한 이상을 그리고 또 행동하며 살아가야만 한다."[124]

퍼포먼스는 세상을 만드는 일이다.

우리는 퍼포먼스를 이해할 필요가 있다.

1장
퍼포먼스를 [프레이밍] 하기

1 헤미 인스티튜트의 선임 연구원
수락 연설, 콜롬비아 보고타 , 2009.
2 길레르모 고메즈-페냐, 멕소시스트
2 중에서, 2006.
3 이 책의 스페인어 판본 2장과
3장에서 '퍼포먼스'라는 단어를
둘러싼 토론과 라틴 아메리카에서
이를 수용해온 방식을 묻다.
4 Elin Diamond, ed., Performance
and Cultural Politics (New York:
Routledge, 1996), p.5.
5 Mark H. C. Bessire, William Pope.L:
The Friendliest Black Artist in
America(Cambridge, MA:MIT
Press, 2002), p.23.
6 Peggy Phelan, Unmarked: The
Politics of Performance (London:
Routledge, 1993), p.146.
7 Vittorio Gallese, "The 'Shared
Manifold' Hypothesis: From Mirror
Neurons to Empathy," Journal of
Consciousness Studies 8, nos. 5–7
(2001), pp.33–50.
8 Anna Deavere Smith, "The World
Becomes You." 캐롤 마틴과의
인터뷰, TDR 37, no. 4 (1993), p.51.
9 Maris Bustamante, "Picardia
Femenina." (http://
revista.escaner.cl/node/383)
10 Augusto Boal, Theatre of the
Oppressed (New York: Theatre
Communications Group, 1985),
pp.143–144.
11 "Tehching Hsieh: One Year
Performance 1980–1981"
(https://www.youtube.com/
watch?v=tvebnkjwTeU)
12 다음을 보라. Patrick Anderson,
So Much Wasted: Hunger,
Performance, and the Morbidity
of Resistance (Durham: Duke
University Press, 2010).
13 Richard Schechner, Between
Theatre and Anthropology
(Philadelphia: University of
Pennsylvania Press, 1985), p.36.
14 Richard Schechner, Performance
Studies: An Introduction (London:
Routledge, 2006), p.38.
15 Judith Butler, Gender Trouble (New
York: Routledge, 1990); 주디스
버틀러 지음, 조현준 옮김, 젠더
트러블:페미니즘과 정체성의 전복,
문학동네, 2008.
16 Julieta Paredes, "Hilando fino
desde el femenismo comunitario."
뉴욕대학교에서의 퍼포먼스와 발표,
2010년 4월 5일.
17 다음 책에서 재인용. Richard
Schechner & Willa Appel,
By Means of Performance:
Intercultural Studies of Theatre
and Ritual(Philadelphia: University
of Pennsylvania Press, 1990), p.1;
이 논의는 다음 책의 1장에서 다룬다.
Diana Tylor, The Archive and the
Repertoire: Performing Cultural
Memory in the Americas (Durham:
Duke University Press, 2003).
18 다음 책의 1권의 프롤로그에서 발췌.
Fray Bernardino de
Sahagún,Historia general de las
cosas deNueva España(Mexico City:
Porrúa, 1985).

2장
퍼포먼스의 역사

19 Carolee Schneeman, Carolee
Schneeman: Imaging Her Erotics
(Cambridge, MA: MIT Press,
2002), p.28.
20 Marvin Carlson, Performance (New
York: Routledge, 1996), p.105.
21 Rebecca Schneider, "Solo, Solo,
Solo," After Criticism: New Essays
in Art and Performance, Gavin
Butted. (London: Blackwell, 2005).
22 Francisco Copello, Fotografia
de performance: Análisis
autobiográfico de mis performances
(Santiago de Chile: Ocho libros
editores, no date).
23 Kathy O'Dell, "Contact with the
Skin: Masochism," Performance
Art and the 1970s (Minneapolis:
University of Minnesota Press,
1998), p.2.
24 Julie Tolentino Wood, "Queer
Pleasures," introduction by
Debra Levine, E-misférica 4, no 1.
(http://hemi.nyu.edu/journal/4_1/
artist_presentation/jt_eng/
images.html).
25 다이아멜라 엘팃과 저자와의 대화
중에서, 2013년 가을 뉴욕.

3장
보는 행위자들

26 Plato, The Republic, H. D. P. Lee
trans. (Baltimore: Penguin Classics,
1955), pp.374–375.
27 Diana Taylor, Disappearing
Acts: Spectacles of Gender and
Nationalism in Argentina's
"Dirty War"(Durham, NC: Duke
University Press, 1997), chap. 5.
28 Samuel Coleridge Taylor,
Biographical Sketches
of My Literary Life and
Opinions(Princeton, NJ: Princeton
University Press, 1985).
29 Antonin Artaud, The Theatre and
Its Double, Mary Caroline Richards
trans. (New York: Grove, 1958),
p.27; 앙도냉 아르토 지음, 박형섭
옮김, 잔혹연극론, 현대미학사, 1994.
30 Louis Althusser, For Marx, Ben
Brewster trans. (Harmondsworth,
UK: Penguin Books, 1969),
pp.148~149; 루이 알튀세르 지음,
서관모 옮김, 마르크스를 위하여,
후마니타스, 2017.
31 로렌 크루거는 다음 책에서
낯설게 하기(verfremdung) 의
정확한 번역에 대해서 논의한다.
Loren Kruger, Post-Imperial
Brecht(Cambridge: Cambridge
University Press, 2004), p.20.
32 Bertolt Brecht, "A Short Organum
for the Theatre," Brecht on Theatre,
John Willett ed., trans. (New York:
Hill and Wang, 1964), sections 21,
26, 40.
33 Antonin Artaud, op. cit., p.13.
34 Jacques Rancière, The Emancipated
Spectator, Gregory Elliott trans.
(London: Verso, 2010), p.13; 자크
랑시에르 지음, 양창렬 옮김, 해방된
관객, 현실문화, 2016.
35 Vittorio Gallese, "The 'Shared
Manifold' Hypothesis: From Mirror
Neurons to Empathy," Journal of
Consciousness Studies 8, nos. 5~7
(2001), p.37,
36 Arielle Azoulay, The Civil Contract
of Photography(New York: Zone
Books, 2008), pp.130–133.
37 Georges Didi-Huberman, Images
in Spite of All, Shane B. Lillis trans.
(Chicago: University of Chicago
Press, 2008), p.3; 조르주 디디-
위베르만 지음, 어윤성 역, 모든 것을
무릅쓴 이미지들: 아우슈비츠에서
온 네 장의 사진, 레베카, 2017.

4장
퍼포먼스의 새로운 사용법

38 Jon McKenzie, Perform or Else: From Discipline to Performance(London: Routledge, 2001), p.3.

39 Ibid., p.83.

40 Rossana Reguillo, "Subjetividad sitiada. Hacia una antropología de las pasiones contemporáneas," E-misférica 4, no. 1. (http://hemi.nyu.edu/hemi/es/e-misferica-41/199-e41-essay-subjetividad-sitiada-hacia-una-antropologia-de-las-pasiones-contemporaneas).

41 Sigmund Freud, "Thoughts for the Times on War and Death"(1915), in The Standard Edition of the Complete Psychological Works of Sigmund Freud, vol. 14 (1914–1916): On the History of the Psycho-Analytic Movement, Papers on Metapsychology and Other Works, James Strachey ed., trans. (London: Hogarth, 1957), p.288.

42 Jon Stewart, The Daily Show, September 16, 2010. (http://www.cc.com/video-clips/mkk1sq/the-daily-show-with-jon-stewart-rally-to-restore-sanity-announcement).

43 Roger Cohen, "Premiumize or Perish," New York Times, 14 Sep 2008. (https://nytimes.com/2008/09/14/opinion/14iht-edcohen.1.16132128.html).

44 Ibid.

45 Gilles Deleuze and Félix Guattari, Anti-Oedipus: Capitalism and Schizophrenia, Robert Hurley, Seem Mark, and Helen R. Lane trans. (Minneapolis: University of Minnesota Press, 1983); 질 들뢰즈, 펠릭스 가타리 지음, 김재인 옮김, 안티 오이디푸스: 자본주의와 분열증, 민음사, 2014.

46 Guy Debord, Comments on the Society of the Spectacle, trans. Malcolm Imrie (New York: Verso, 1998); 기 드보르 지음, 유재홍 옮김, 스펙타클의 사회에 대한 논평, 울력, 2017.

47 Ibid., p.24

48 "Designed to Thrill," 2011. (http://www.ibelieveinadv.com/commons/audi2.jpg).

49 Critical Art Ensemble, "Recombinant Theatre and the Performative Matrix," The Electronic Disturbance. (http://critical-art.net/books.html).

50 Paul Beatriz Preciado, Testo Junkie: Sex, Drugs, and Biopolitics in the Pharmacopornographic Era, Bruce Benderson trans. (New York: Feminist Press, 2013).

51 저자와의 대화, 2010년 8월.

52 Guy Debord, op. cit, p.24.

53 더 자세히 분석한 글을 원한다면 다음을 보라. Diana Taylor, "War," PMLA 124, no. 5, Diana Taylor and Srinivas Aravamudan ed. (2009) pp.1886–1895.

5장
퍼포머티브와 퍼포머티비티

54 J. L. Austin, How to Do Things with Words, 2nd ed. (Cambridge, MA: Harvard University Press, 1975), p.8; J.L. 오스틴 지음, 김영진 옮김, 말과 행위, 서광사, 2005.

55 Jorge Portilla, Phenomenology of Relajo (Mexico City: Fondo de Culturam Económica, 1986).

56 Peter Kilchmann and Francis Alÿs, Cuentos Patrióticos or The Multiplication of Sheep(1979). (https://www.imj.org.il/en/collections/390166).

57 이에 관해서 쓴 나의 글은 다음을 보라. Diana Taylor, "Remapping Genre through Performance: From American to Hemispheric Studies," in "Re-mapping Disciplines," special issue, Wai Chee Dimock and Bruce Robbinsed., PMLA 122, no. 5 (2007): pp.1416–1430.

58 Jacques Derrida, "Signature, Event, Context," in Margins of Philosophy, Alan Bass trans. (Chicago: University of Chicago Press, 1984), p.326.

59 Judith Butler, Bodies That Matter(London: Routledge, 1993), xii; 주디스 버틀러 지음, 김윤상 옮김, 의미를 체현하는 육체, 인간사랑, 2003.

60 Judith Butler, "Rethinking Vulnerability and Resistance," lecture, Madrid, June 2014, p.7. (http://bibacc.org/wp-content/uploads/2016/07/Rethinking-Vulnerability-and-Resistance-Judith-Butler.pdf).

61 Peggy Shaw, A Menopausal Gentleman, Jill Dolan ed. (Ann Arbor: University of Michigan Press, 2011), p.76.

62 Manuel Castells, Networks of Outrage and Hope: Social Movements in the Internet Age(Cambridge: Polity, 2012), p.134; 마누엘 카스텔 지음, 김양욱 옮김, 분노와 희망의 네트워크: 인터넷 시대의 사회운동, 한울(한울아카데미), 2015.

63 Memoria Chilena notes: "El escándalo era la constante de las 'Yeguas.'" (http://www.memoriachilena.cl/602/w3-article-96708.html).

64 Slavoj Žižek, "Shoplifters of the World Unite," London Review of Books, August 19, 2011. (http://www.lrb.co.uk/2011/08/19/slavoj-zizek/shoplifters-of-the-world-unite).

65 Slavoj Žižek, "Trouble in Paradise," London Review of Books, July 18, 2013, pp.11–12. (http://www.lrb.co.uk/v35/n14/slavoj-zizek/trouble-in-paradise).

66 Sianne Ngai, Ugly Feelings(Cambridge, MA: Harvard University Press, 2005), p.91, p.123.

67 Jack Halberstam, "Going Gaga: Chaos, Anarchy and the Wild," ICI Berlin, February 6, 2013. (https://www.ici-berlin.org/videos/halberstam).

6장
퍼포먼스를 통해 알아가기:
시나리오와 시뮬레이션

68 Jon McKenzie, op.cit., p.18, 강조는 원문에서.

69 Ibid., p.12.

70 Aristotle, Poetics, Gerald F. Else trans. (Ann Arbor: University of Michigan Press, 1973), section 6, p.20.

71 "scenario," Wikipedia. (http://en.wikipedia.org/wiki/Scenario).

72 Tamara L. Underiner, "Playing at Border Crossing," TDR: The Drama Review55, no. 2 (2011), pp.11–32.

73 Ioan Grillo and Parque Alberto, "In Mexico, a Theme Park for Border Crossers," Time, November 11,

2008 (http://content.time.com/time/world/article/0,8599,1858151,00.html).

74 Richard V. Ericson and Kevin D. Haggerty, The New Politics of Surveillance and Visibility (Toronto: University of Toronto Press, 2006), p.4.

75 Jacques Lacan, "The Mirror Stage as Formative of the Function of the I," Écrits, Alan Sheridan trans, (New York: Norton, 1977), pp.1~7; 자크 라깡 지음, 김석 옮김, 에크리, 살림, 2007.

76 시나리오에 관한 더 자세한 논의는 다음을 보라. Diana Taylor, "Scenarios of Discovery: Reflections on Performance and Ethnography" in The Archive and the Repertoire: Performing Cultural Memory in the Americas(Durham, NC: Duke University Press, 2003), chap. 2.

77 Stephen Colbert, The Colbert Report, Comedy Central, June 28, 2010. (http://www.cc.com/video-clips/nxs1np/the-colbert-report-doomsday-bunkers).

78 나의 에세이 전쟁 놀이(War Play)는 모하비 사막에서 있었던 미군의¨ 시뮬레이션을 검토하기 위해 거기서 사용한 용어 중 일부를 활용한다. 나는 캘리포니아의 실리콘 밸리에서 만든 샌드박스(sandbox)* 속 시뮬레이션이 이라크에서 실제적인 결과를 가져왔다고 결론 맺었다. "샌드박스"는 이라크를 지칭하는 군사 용어다.
(*새 소프트웨어 또는 테스트되지 않은 소프트웨어를 안전하게 실행할 수 있는 컴퓨터 시스템 속 환경. 역자 주.)

79 www.msr.org.il을 살펴보라. 나는 MSR의 책임자 아미타이 지브박사와 부책임자 킴 맥밀란에게 감사를 표하고자 한다. 그들은 2009년 5월과 2010년 5월, 내가 기관을 방문하여 시뮬레이션을 관찰할 수 있도록 허가해 주었다.

80 이 정보는 MSR의 부책임자 킴 맥밀란과의 개인적인 대화에 기반한다. 시뮬레이션에서 감지된 스트레스의 영향에 관한 연구 결과는 아딸리아 투발, 아브너 시디, 아미타이 지브, 달리아 엣지온, 티베리오 에즈리, 하임 버겐슈타트가 자격 시험 시뮬레이션에서 보인 마취학과 레지던트들의 심리학 및 병리학적 스트레스 반응으로 엮어 내었다.

이 자료는 MSR을 통해 볼 수 있다.

81 MSR은 시나리오 트레이닝의 다섯 단계를 상세히 설명한다. "1. 안전한 환경: 실수를 용서해줌, 2. 사전 조치를 취한 통제된 트레이닝, 3. 훈련받는 사람/팀/시스템 중심 교육, 4. 피드백과 업무보고 중심 교육, 5. 재생산 가능하고 규격화된 목표." 브로슈어에는 "안전하고 인간적이며 도덕적인 환자 중심의 의학 문화"라고 적혀 있다.

82 다음을 보라. Diana Taylor, The Archive and the Repertoire: Performing Cultural Memory in the Americas(Durham: Duke University Press, 2003); Marianne Hirsch, "Editor's Column: What's Wrong with These Terms?: A Conversation with Barbara Kirshenblatt-Gimblett and Diana Taylor," PMLA 120, no. 5 (2005), pp.1497~1508; Marianne Hirsch, "War Play," in "War," special issue, Srinivas Aravamudan and Diana Taylor ed., PMLA 124, no. 5 (2009).

83 Sherry Turkle, Simulation and Its Discontents(Cambridge, MA: MIT Press, 2009), p.9.

84 Ibid., p.13.

85 ibid., p.45.

7장
예술행동가: 무엇을 해야 할까?

86 레지나 호세 갈린도의 대화, 2014년 1월 14일.

87 "나 스스로가 무능력한 느낌이에요. 기존의 것들을 내가 바꿀 수는 없어요. 하지만 이 분노가 저를 버티게 만들어요. 세상에 무슨 일이 일어나고 있는지 알아 차릴 즈음부터 이 분노가 내 안에서 자라는 걸 지켜봤어요. 마치 돌아가는 모터 같아요. 절대 양보하지 않는 내 안의 갈등. 결코 도는 것을 멈추지 않는, 결코." Francisco Goldman, "Regina José Galindo," BOMB 94 (2006). (https://bombmagazine.org/articles/regina-jos%C3%A9-galindo/).

88 (https://hemi.nyu.edu/hemi/en/galindo-intro).

89 Nadia Seremetakis ed., The Senses Still: Perception and Memory as Material Culture in Modernity(Chicago: University

of Chicago Press, 1994), p.12; 다음 책에서 재인용. André Lepecki, Exhausting Dance: Performance and the Politics of Movement(London: Routledge, 2006), p.15.

90 Guillermo Gómez-Peña, interview with Jennifer Gonzáles.

91 갈린도는 과테말라 출신 중 가장 유명한 퍼포먼스 예술가이다. 그는 2005년 베니스비엔날레에서 황금사자상을 수상하였으며 2009년 엑시트아트에서 개인전을 여는 등 국제적으로 활동하고 있다. 2011년에는 슬로베니아 류블라나의 그래픽아트비엔날레에서 최우수상을 수상하기도 했다.

92 Francisco Goldman, ibid.

93 Fulana, Amnezac. (http://hidvl.nyu.edu/video/000516509.html).

94 "문학. '사적인 사람'은 '자신'에서 파생된 관용구 '무식한 사람'의 거만한 표현이다." (http://www.etymonline.com/ind ex.php?allowed_in_frame=0&search=p rivate+person&searchmode=none).

95 Bill Brown ed., Things(Chicago: University of Chicago Press, 2005), p.10.

96 The Yes Men. (http://theyesmen.org/).

97 The Yes Men, The Bhopal Disaster, December 2004 (http://www.youtube.com/watch?v=LiWlvBro9eI) for the fake Dow Chemical announcement on the BBC and (http://.democracyn ow.org/2009/10/20/yes_men_pull_off_prank_claiming) for the Chamber of Commerce hoax.

98 자크 세르빈과의 대화, 2014년 9월.

99 Andy Bichlbaum, "Identity Correction," Beautiful Trouble: A Toolbox for Revolution. (https://beautifultrouble.org/tactic/identity-correction/).

100 "1992년 채택된 식품 다양성 협약(Convention on Biological Diversity)의 비준에 참여한 190개 국가들은 유전자 변형 농산물이 지닌 위험 요소들을 수면 위로 드러내고자 환경과 인간 건강에 적합한 안전 규정을 설립하는 것의 갖는 중요성에 동의하였다. 1995년에 시작된 격렬한 협상은 2000년에 카르타헤나 유전자 변형 식품 안전 협약(이후 식품안전

협약서(Biosafety Protocol) 혹은 BSP라 불린다]을 채택하는 것으로 마무리 되었다."

101 전체 발표문은 다음을 보라. (http://monsantoglobal.com.yeslab.org/mexico-grants-mexico-approval-to.html).

102 다음을 보라. (http://www.nationofchange.org/mexico-bans-gmo-corn-effective-immediately-1382022349;http://www.sinembargo.mx/10;). 몬산토와 관련한 멕시코의 현 상황과 초국가적인 기업을 밀어내고자 싸우는 행동가들에 대한 더 많은 정보는 다음을 참고하라. (http://www.semillasdevida.org.mx/index.php/component/content/article/91-categ-analisis-de-coyuntura-2013/145).

103 Angélica Enciso. "Firme, la suspensión de permisos para cultivo de maíz transgénico." (http://www.jornada.unam.mx/2013/12/24/politica/020n1pol).

104 '예스 맨'의 원조 마리 노타리와 이 호칭을 나에게도 선사해 준 자크 세르빈에게 감사를 전한다.

8장
퍼포먼스의 미래(들)

105 "A Look Back at Performance Art," New York Times, November 1, 2013.

106 The Hemispheric Institute Digital Video Library. (http://www.hemisphericinstitute.org/eng/hidvl/index.html).

107 우스터 그룹의 웹사이트를 살펴보라. (http://thewoostergroup.org/twg/twg.php?hamlet).

108 Diana Taylor, The Archive and the Repertoire: Performing Cultural Memory in the Americas (Durham: Duke University Press, 2003).

109 여기서 나의 동료 바바라 키르쉔블랫-김블렛의 말을 꺼내 보고자 한다. "사물은 하나의 느린 사건이다." 그는 실존 철학자 스탠리 에벨링이 처음 이 말을 했다고 하였으며, 에벨링의 학생인 캐서린 영으로부터 전해 들었다고 했다.

110 Rebecca Schneider, Performing Remains: Art and War in Times of Theatrical Reenactment (London: Routledge, 2011), p.2.

111 글렌 굴드가 바흐의 골드베르크 변주곡을 2006년 연주했던 것을 다시: 퍼포먼스로 선보인 젠프 스튜디오의 공연을 살펴보라. 다음 글에서 재인용. Nick Seaver, "A Brief History of Re-Performance." (MA thesis, MIT, 2010)

112 Marina Abramović: The Artist Is Present. (http://www.moma.org/visit/calendar/exhibitions/965)

113 아브라모비치의 회고전에서 다시: 퍼포먼스에 참여했던 아비가일 레빈은 여러 자세한 내용들을 공유해주었다.

114 Marina Abramović, MoMA Multimedia, "Marina Abramović. Nightsea Crossing." (http://www.moma.org/explore/multimedia/audios/190/1985).

115 캐리 램버트-비티는 퍼포먼스 아트에 대항하여라는 글에서 다음과 같이 적고 있다. "이 재연이 미술사적으로 옳고 그른지를 판단하는 것보다 더 흥미로운 건, 대체 무엇을 하도록 요청받았냐 하는 것이다. 이는 퍼포먼스의 잠재력을 닫아 버리는 것일까 혹은 여는 것일까." Carrie Labert-Beatty, "Against Performance Art," Artforum vol.48, no.9(2010), p.209.

116 Ibid.

117 Abigail Levine, "Marina Abramović's Time: The Artist Is Present at the Museum of Modern Art," in "After Truth," E-misférica 7, no. 2.

118 이 용어를 선물해 준 마를렌 라미레즈-칸시오에게 감사를 전한다.

119 Paul Worley, "'Let me tell you what happened...' Oral Storytelling as a Yucatec Maya Strategy of Resistance," Resistant Strategies, Marcos Steuernagel, Diana Tayloreds. (https://resistantstrategies.hemi.press/).

9장
퍼포먼스 연구

120 Shannon Jackson, Professing Performance (Cambridge: Cambridge University Press, 2004).

121 Diana Taylor and Marcos Steuernagel, eds., What Is Performance Studies? (Durham: Duke University Press).

122 Ibid.

123 Zeca Legiéro, "Cultural Perspectives of Performance Studies," in "Opercevejo," special edition, Revista de teatro (Universidade Federal do Estado do Rio de Janeiro) 11, no. 12 (2003), p.3.

124 José Esteban Muñoz, Cruising Utopia: The Then and There of Queer Futurity (New York: New York University Press, 2009).

353

옮긴이의 편지

퍼포먼스 퍼포먼스의 퍼포먼스
....

안녕하세요. 여기까지 오는 길은 어떠셨나요? 이 책을
읽는 동안 제 정체가 여러모로 궁금하셨죠? 자, 이제 하나
씩 퍼즐을 풀어 볼게요.

이 책의 스페인어 판(2012년)과 영어 판(2016년)의 제목은
퍼포먼스(Performance) 였어요. 다이애나 테일러는 작고 가벼운
책에 퍼포먼스 실천에 관한 다양한 논의들을 꽉꽉 눌러 담아 보다
많은 사람들과 대화를 나누고자 하였죠.

무엇보다 그는 퍼포먼스가 지닌 반복의 변화 가능성과
관객의 역할을 강조했어요. 그렇기 때문에
스페인어에서 영어로 독자의 범위를 넓히면서
새로운 소통을 시도했던 자신의 여정을
'다시:'의 퍼포먼스였다고 회고해요.
다시 또 다시!

이 책 퍼포먼스 퍼포먼스
....
또한 마찬가지에요. 영어를
한국어로 번역하는 반복의
퍼포먼스였던 셈이죠.
하지만 여기서 번역은
단순히 언어를 바꾸는
일에 그치지 않아요.
한국이라는 새 무대
위에 다시 상연되는

퍼포먼스와

이를 관람하는

여러분들을 위해 제가 등장하게

되었거든요. 여러분이 보다 쉽게 이

책에 다가갈 수 있도록 돕기 위해 말이죠.

퍼포먼스 퍼포먼스에는 다섯 참여자가 주요하게 등장해요. 가장

먼저 이 책/퍼포먼스를 구상하고 만든 사람이 있어요. 그리고 출판을

기획하고 실행한 사람, 영어로 쓰인 문장을 한국어로 바꾸어 다시 쓴

사람, 바뀐 언어를 새 지면 위에 디자인한 사람이 있죠. 마지막으로 이

퍼포먼스를 바라보는 사람이 있고요. 퍼포먼스 퍼포먼스의 마지막

참여자는 바로 독자/관객인 당신입니다.

퍼포먼스 퍼포먼스에는

아메리카 지역에서 활동하는

예술가와 행동가가 퍼포먼스를 도구 삼아

세상을 향해 던지는 온갖 메시지들로 가득 채워져 있어요.

우리의 반대편 지구에서 살아가는 그들의 문화와 역사가 다소

낯설게 느껴질지도 몰라요. 하지만 책 속에 등장하는 인물들의 말과 몸짓을

따라가다 보면 어느새 퍼포먼스가 그들과 우리의 삶에 얼마나 간절히 필요한

것인지를 새삼 느끼게 된답니다.

이 세상 도처에는 정당하지 않고 폭력적인 권력이 존재해요. 그 힘은

위계를 만들고 억압과 착취를 행하죠. 퍼포먼스 퍼포먼스가 보여주는 라틴

아메리카의 경우처럼 그 폭력은 독재 정권이나 대기업의 횡포와 같은 뚜렷한

형태로 나타나기도 하지만 우리가 전혀 알아채지 못하는 방식으로

은밀하게 작동하기도 해요. 그렇기 때문에 우리는 퍼포먼스를

이해하고 또한 퍼포먼스라는 도구가

필요한 것

이라고 저는 다시 한번 말하고 싶어요!
퍼포먼스 퍼포먼스에 등장하는 예술가들의 퍼포먼스는 참 희한한
구석이 많아요. 굳이 눈에 띄는 일을 벌여 주변의 시선을 끌고자 하거든요.

그들은 왜 이런 행동을 하는 걸까요?
그들은 무슨 말을 하고 싶은 걸까요?
그들은 어떻게 우리를, 그리고 세상을 움직이게끔 하려는
걸까요?

퍼포먼스 퍼포먼스는 저 위의 물음들에
결코 쉽게 답을 내어주지 않아요.
아니, 정답이 있다고 말하지
않아요. 대신 우리의 움직임
하나하나가 어떻게 사회
속 퍼포먼스가 되어
작동하는지, 또 우리
주변에서 얼마나 다양한
형태로 끊임없이
퍼포먼스가 발생하고
있는지를
이해하게끔

도와주죠.
그리고 나서
우리 각자가 지닌
몸과 마음의 목소리들을
엮어 고유한 방법으로 퍼포먼스를
실천하도록 제안해요.
제가 흠모하는 퍼포먼스 학자 호세
무뇨즈는 이렇게 말했어요. 비록 우리가 불투명하고
불완전한 존재로 이 세상에 머물지라도 수평선
저 너머의 미래에 놓여 있는 희망은 우리를 위한
것이라고요.
퍼포먼스 퍼포먼스는 아직 이 사회 안에서 온전히 여물지
않은 우리들에게 다르게 보고 다르게 생각하고 다르게 움직일
수 있는 가능성을 선물해주어요. 퍼포먼스라는 도구는
우리가 원하는 무엇으로든 변신할 수 있도록
도와주거든요. 그렇게 '새로운 나'가

가능한

미래에 대한 희망을

품고 우리를 둘러싼

세상을 마주해요. 사소하게

때로는 거대하게, 주변과

더불어 스스로 움직임과 행동을

상상하고 고민해보는 것은

어떨까요? 퍼포먼스 퍼포먼스 속

예술가들 처럼요!

그렇지만 꼭 모든 것을

'행동'으로 옮길 필요는 없어요.

앎의 의지를 쥐고 행동하지

않기를 '선택'하는 것 또한 우리의

용기이니까요.

아무쪼록 퍼포먼스 퍼포먼스가

참여자이자 독자/관객인 당신이 그 희망에

가까이 다가서는 데 조금은 도움이 되기를

바랍니다.

그럼 이제 다음 주인공을 소개할게요. 앞으로

당신이 펼쳐낼 또 다른 퍼포먼스!

용선미 드림

퍼포먼스 퍼포먼스

1쇄 펴냄 2021년 12월 23일
2쇄 펴냄 2022년 10월 21일

지은이
다이애나 테일러

옮긴이
용선미

편집
이한범

디자인
강문식

펴낸곳
나선프레스

등록
2019년 1월 8일
제 2019-000009호
주소
(04549) 서울 중구 인현동 1가
100-4 403호

전자우편
rasunpress@gmail.com

한국어판 © 나선프레스 2021
ISBN 979-11-965400-9-8 03680
가격 20,000원

다이애나 테일러는 뉴욕대학교 퍼포먼스 연구학과 및 스페인어과의 교수이자 아메리카 지역의 퍼포먼스를 연구하고 기록하는 헤미스퍼릭 인스티튜트의 창립자이다. 사라지는 행위들(Disappearing Acts, 1997), 아카이브와 레퍼토리: 아메리카 지역에서의 문화적 기억의 수행(The Archive and the Repertoire: Performing Cultural Memory in the Americas, 2003), 지금!(¡Presente!, 2020) 등의 책을 썼다.

용선미는 서울을 기반으로 활동하는 시각예술 및 퍼포먼스 독립 기획자이다. 뉴욕대학교 티시예술대학 퍼포먼스 연구학과에서 석사 학위를, 고려대학교 미디어 학부에서 학사 학위를 받았다. 퍼포먼스를 매개로 국내외 예술가 및 기획자들과 협업한다. 링거링거링(인사미술공간, 2020), 직사각형 둘레에서 글쓰기 혹은 움직이기(공동 기획, 플랫폼엘, 2018), 비록 춤일지라도(공동 기획, 코스모40, 2021) 등을 기획하였다.